U0591153

贵阳市实验小学"TREE"课程创新实践丛书

"趣"数学
综合实践活动

主　编　钟海燕 ｜ 执 行 主 编　钟文静
执行副主编　黄书培　黄　悦

贵州出版集团
贵州人民出版社

图书在版编目（CIP）数据

"趣"数学综合实践活动/钟海燕主编;钟文静执行主编.－－贵阳:贵州人民出版社,2022.5

（贵阳市实验小学"TREE"课程创新实践丛书）

ISBN978-7-221-15817-8

Ⅰ.①趣…Ⅱ.①钟…②钟…Ⅲ.①小学数学课－教学研究Ⅳ.①G623.502

中国版本图书馆CIP数据核字（2022）第076005号

书　　　名	贵阳市实验小学"TREE"课程创新实践丛书	
	——"趣"数学综合实践活动	
	GUIYANGSHISHIYANXIAOXUE "TREE" KECHENGCHUANGXIN	
	SHIJIANCONGSHU	
	——"QU"SHUXUEZONGHESHIJIANHUODONG	
主　　　编	钟海燕	
执 行 主 编	钟文静	
副执行主编	黄书培　黄　悦	
出 版 人	王　旭	
责 任 编 辑	程林骁	
装 帧 设 计	黄红梅	
出 版 发 行	贵州出版集团　贵州人民出版社	
地　　　址	贵州省贵阳市观山湖区会展东路SOHO办公区A座	
印　　　刷	重庆新金雅迪艺术印刷有限公司	
规　　　格	787毫米×1092毫米　1／16	
字　　　数	210千字	
印　　　张	12.25	
版　　　次	2022年6月第1版	
印　　　次	2022年6月第1次印刷	
书　　　号	ISBN 978-7-221-15817-8	
定　　　价	60.00元	

贵阳市实验小学"TREE"课程创新实践丛书

"趣"数学综合实践活动

编委会主任：林晓凤

主　　编：钟海燕

执行主编：钟文静

副执行主编：黄书培　黄　悦

编　　委：（按姓氏笔画）

王　霞　马豫华　刘　佳　李　娟　李　璐

陈　蓉　陈舒薇　杜　娟　杜晓玲　吴建平

吴思路　杨　扬　杨　琴　杨一宁　郑　宏

张玉琴　罗　红　周邦凤　唐浏莹　常　艺

黄　静　游　岚　韩　蓉

总序

　　贵阳市实验小学"TREE"课程系列丛书即将出版，嘱我作序。翻阅这套凝聚着贵阳市实验小学教师们心血的教学成果，我感到十分欣喜。这些成果不仅仅是贵阳市实验小学在实践教育高质量发展的征程中里程碑式的见证，更是云岩教育长期以来坚持内涵发展和科研引领的一个缩影。

　　教育的美好，在于教育是一种相遇。为人师者，我们要教会学生用敏锐的眼睛审视世界，用睿智的头脑思考世界，用超凡的智慧畅想未来，让学生在成长的过程中感受身边的美好。基础教育新课程改革，从 2001 年至今，已经过去了 21 个年头。义务教育课程改革取得了丰硕的成果，同时也进入了课程改革的深水区。2022 年 4 月 21 日，教育部正式颁布了《义务教育课程方案和课程标准（2022 年版）》。《义务教育课程方案和课程标准（2022 年版）》全面落实习近平总书记关于培养担当民族复兴大任的时代新人的要求，结合义务教育性质及课程定位，从有理想、有本领、有担当三个方面，明确义务教育阶段时代新人培养的具体要求。各课程标准基于义务教育培养目标，将党的教育方针具体化细化为本课程应着力培养的学生核心素养，体现正确价值观、必备品格和关键能力的培养要求。贵阳市实验小学这套丛书的编辑出版，既是对学校20年来矢志不渝推进课程改革的总结，也是为聚焦核心素养培育的新一轮课程改革和全面实施"公办强校计划"作战略储备。

贵阳市实验小学始终走在我区小学教育改革发展的前沿。新课程改革以来，持续不断地产出优秀的教学成果。贵阳市实验小学从2012年开始创制并实践"TREE"课程体系，其特色为针对高质量实施国家课程而研发的"生态课堂""研究性学习"和"综合素质评价体系"，具有较高的推广应用价值。"TREE"课程教学成果"自然—开放—和谐：深层生态式跨学科研究性学习实践探索"获贵州省教学成果一等奖（最高奖），并被贵州省教育厅推选参加2022年全国教学成果评选；"小学综合素质评价体系的创构与实践"获贵阳市教学成果特等奖，所培养的学生参与国家、省、市的各项比赛活动，屡获殊荣。教师团队深耕教育教学研究，发表多篇论文，教学比赛多次获奖。学校也得到了社会各界的认可支持与高度赞扬，被授予国家级、省级、市级数十项荣誉称号。

让学生遇见美好，我们不是把教育变成空洞的说教，而是要远离浅薄，走进心灵，让成长变得更纯净、更简单。因工作的原因，我多次到贵阳市实验小学联系指导，见证了该校研究型教师的专业水平，高素质学生的积极奋进。语文研究性学习中的论文答辩主题丰富，形式多样，在训练学生表达能力的同时还让他们具备了一定的研究能力。数学"趣"课程综合实践活动让学生将数学与生活紧密相连，在培养学生数学素养的同时还产生了"数学是自然的，数学是有用的"认知，并对数学产生浓厚兴趣。每周开展的微队会紧紧围绕贯彻党的教育方针，落实立德树人根本任务来设计，用多样化的方式实现对全体同学的道德教育。除此之外，还有道德与法治、英语、科学、信息技术、体育、音乐、美术、综合实践活动的教育教学科研成果，均在"TREE"课程系列丛书中有所呈现。

"TREE"课程系列丛书，是贵阳市实验小学的"TREE"课程教育教学研究成果的集中归纳和总结，结集出版，能为这项优秀教学成果在我区、全市甚至整个贵州省得到推广应用提供可借鉴、可参考的蓝本，是"优学优教在云岩"金名片的精彩缩影。希望借助这套丛书的公开出版，为贵阳市实验小学出征教育现代化的新征程夯实科研成果基础，进一步提升全校教师以教育科研拉动现代学校治理体系建设和治理能力的水平，为全省小学"公办强校计划"的全面实施提供云岩范本和实小经验。

是为序！

（作者系中共云岩区委教育工委副书记，区教育局党委书记、局长）

卷首语

以美育人　美美与共

钟海燕

如果将人类比喻为大江大河大海，那么，人类的教育就是溪流浪花海潮。没有溪流，一切的江河湖海都没有源头活水。没有活泼泼的浪花，大海将是一派死寂。没有海潮的汹涌，将不会有广阔无垠的地平线。

小溪是江河湖海的源头，我们教育工作者的责任，就是让每一股清流都生生不息，始终拥有清澈、透明、甘甜。不因干涸而断流，不为曲折而倒回，不惧险阻而向前。

小溪是孩子，我们为了孩子！

浪花是江河的生命欢歌，我们教育工作者的责任，就是让每一朵浪花永远晶莹剔透，永远七彩闪耀。不因风狂而吹灭，不为浊流而浸染，不以崖高而跌碎。

浪花是孩子，我们为了孩子！

海潮是大海的回声，是惊破云天的召唤。我们教育工作者的责任，就是让每一次海潮都迸发蓬勃的力量，让每一股力量都获得大海的依托，让每一个依托都带着理想的光芒。

海潮是孩子，我们为了孩子！

为了孩子，我们的老师不懈追求，集腋成裘，汇集成这套丛书：共进、共享、共惠。

为了教育者的责任，我们本着"教育美，教育真美，教育必须美"的理念，挑战自我，开拓进取，以这套丛书：共创、共荣、共助。

学而不厌，诲人不倦。教学相长，以美化人。让我们以党的教育方针为指引，为了孩子，为了教育事业的今天和明天：以美育人，美美与共。

前言

我校提出基于五育并举的"TREE"课程改革实践研究，即德育、智育、体育、美育、劳育全面发展，尊重规律、崇尚和谐。我们追求"让每一个孩子都成为有用之才"的教育理想，着力培养具有"厚德仁爱、多能创新、善思能辩、国际视野"的现代小学生。数学课堂研究的问题，常常是枯燥而深奥的。希望教师总能面带微笑，用温暖的话语点燃学生不断探索的热情，用欣赏的眼神激励学生大胆自信地表达，用专注的聆听尊重每一位学生的心声，用温暖的手臂轻抚孩子的心灵。

2017 年 10 月 31 日，教育部关于印发《中小学综合实践活动课程指导纲要》指出："综合实践活动是从学生的真实生活和发展需要出发，从生活情境中发现问题，转化为活动主题，通过探究、服务、操作、体验等方式，培养学生跨学科素养的实践性课程。

综合与实践活动课，立足《课标》和《中小学综合实践活动课程指导纲要》的要求，体现"综合"与"实践"。体现了我校"TREE"课程的主题式、项目式的综合性学习。它不仅是教科书给定的教学内容，还是依据课程标准、学习内容动态生成的教学活动。"

本书记录了十个不同主题综合实践活动的成果，其中包含综合实践活动方案、优秀学生作品、教师活动感言、学生活动感言以及家长活动感言的真实记录。

目录

引言

在活动中学习数学知识
用实践培养数学思维

——贵阳市实验小学数学综合实践活动

　　《数学课程标准（2011 年版）》在关于数学教学活动的基本理念中指出："教师应激发学生的学习积极性，向学生提供充分从事数学活动的机会，帮助他们在自主探索和合作交流的过程中真正理解和掌握基本的数学知识与技能、数学思想方法，获得广泛的数学活动经验。"从这一基本理念出发，新的数学课程中应该有让学生"用数学"的内容，通过"用数学"发展他们解决问题的能力。因此，小学数学综合实践活动课程的开展势在必行。

　　在"TREE"课程的指导框架下，"趣数学"的课程要求下，我们自 2016 年起，已将数学综合实践实施了 7 个年头。虽然在全国来讲，数学综合实践都是一个新兴的活动课程，但无论

是对数学综合实践活动的认知，还是对数学综合实践活动的落实，我们都在一步一个脚印的、踏踏实实的带领学生尝试着做，我们的老师一直在不断地学习、实践、反思、调整、在实践中积累实践活动的经验。

在"TREE"课程体系下，为养成数学学科素养，培养数学实践能力，我校提出了"ATL"数学高阶思维教学模式。ATL（AdvancedThoughtLearning）教学模式为改善和提升学生的思维方式，以事悟理，依理行事，从而自然合理的灵活的解决问题。因此，将ATL高阶思维教学模式应用于"综合实践活动"教学之中，为课堂教学带来新的"活力与生机"。

在这种高阶思维教学模式下，教师引导学生自主查阅资料、组织学生开展小组合作学习，分析和探究问题，不断提高学生解决问题的能力。基于ATL的小学数学课堂结构可以简单概括为"三步骤六环节"。学生在学习过程中，教师在教学过程中，均可将这六个环节与之结合，让学生学会分析、应用、评价和再创造，达到思维质的跃迁。ATL教学模式"六环节"如下图。

基于ATL高阶思维教学模式，我校对数学综合实践活动内容梳理为

以下五个课型：动手操作型、场景观察型、游戏活动型、调查访问型、课

题研究型。并提出了相应的基本内容和应遵循的教学要求。

课型	基本内容	教学要求
动手操作型	指学生通过制作、实验、测量等形式所开展的数学实践活动	1. 准备教学用具，布置好活动场地
		2. 通过多种活动形式，调动学生学习的积极性
		3. 组织学习成果交流会，促进学生之间相互学习
场景观察型	指学生通过观察场景主题图再开展的数学实践活动	1. 围绕着教学的主题，引导学生投入探究活动中
		2. 指导学生有序观察主题图，提拣到有效数学问题
		3. 鼓励学生勇于表达想法，培养分享交流的能力
游戏活动型	指以游戏为载体所开展的数学实践活动	1. 根据学情，设计出贴切学生实际生活的活动方案
		2. 制定游戏规则，从而有序开展数学实践活动
		3. 处理好学和玩之间的关系，做到"寓教于乐"
调查访问型	指学生通过调查收集相关资料再开展的数学实践活动。	1. 帮助学生明确调查内容，提供相关的研究方法
		2. 引导其运用正确的方法对数据加以处理
		3. 对调查的结果，进一步剖析和挖掘更深层次的内涵

课型	基本内容	教学要求
课题研究型	指以"小课题"等形式所开展的问题较为复杂数学实践活动	1. 合理利用教学资源，灵活选择组织教学活动
		2. 组织学生进行课题汇报，分享和交流
		3. 适当延长此课型的开展活动时间，以便学生有充足的时间对研究主题进行深度的探索

按照以上课型和要求，我校将各年级各学期数学综合实践活动进行了分类。

年级	册	课题	类型
一年级	上册	我是小小建筑师	动手操作型
		小小商店	游戏活动型
	下册	树叶畅想曲	场景观察型
		有趣的拼搭	动手操作型
二年级	上册	有趣的七巧板	动手操作型
		我是小小设计师	动手操作型
	下册	城市对对碰	课题研究型
		我们身体上的"尺"	动手操作型
三年级	上册	美丽的轴对称	动手操作型
		测定方向	场景观察型
	下册	制作年历	动手操作型
		生活中的方向	动手操作型
四年级	上册	跳蚤市场	游戏活动型
		小扑克大创意	游戏活动型
	下册	小小理财家	课题研究型
		我的 Mindmap	课题研究型
五年级	上册	那些年玩过的游戏	游戏活动型
		减中求佳巧设计，我的作业我做主	调查访问型
	下册	"数"说	调查访问型
		滴水实验	课题研究型
六年级	上册	数学"钻难"	课题研究型
		我的旅行日记	场景观察型
	下册	百变数学大咖秀	课题研究型
		互联网的普及	调查访问型

数学的"综合实践活动"形式是数学内容的载体与实现目标的重要手段，是学生结合生活经验和知识背景，通过以自主探索与合作交流的方式，运用已有的知识和经验来探索能增强解决问题的能力，以促进数学核心素养的培养，而本书呈现部分综合实践活动案例。

低年段的教学以活动为主要形式，以实践为主要环节，学生积极参与到各项活动中去，在"做""考察""实验""探究""设计""制作""想象""反思""体验"等一系列活动中，发现和解决问题，体验和感受生活，进而学习科学研究的方法，发展综合应用知识的能力。

一年级教师们为学生设计了活动"有趣的拼搭"让学生在"滚一滚""堆一堆""摸一摸""搭一搭""数一数"等活动中，进一步感知长方体、正方体、圆柱和球的基本特征，了解它们在日常生活中的应用。教师还设计了"小小商店"综合实践活动，学生通过以游园会的形式让学生自己买卖商品来调动学生的积极性，加深对人民币的理解。学生体验生活中的数学，数学中的乐趣让学生们更进一步地感受到数学与生活的联系，用数学知识规划自己的消费行为，树立正确的金钱观、价值观。

二年级的教师们开展了"有趣的七巧板"综合实践活动，主要是使学生在用七巧板拼图形的活动中，增强对数学学习的兴趣，培养与同学合作的意识，提高审美情趣。教师还通过开展"我们身体上的尺"实践活动，加深学生对身体上尺的认识，进一步掌握身体上的尺在生活中的运用，培养学生应用数学解决实际问题的能力，获得数学学习的积极情感。

中年段的教师不仅在课堂教学中深耕细作，还在作业设计方面追求科学合理，对作业布置进行了积极探索，力求给予每位同学动手实践、学以致用的机会。

三年级为学生准备了活动"生活中的方向"，让学生在具体的操作中，进一步加强方向感，提高认识路线图的能力；参与测定方向的实践活动，能在给定的场景中或生活中利用指南针辨认八个方向；学生在活动中与他人合作，获得积极的情感体验，发展初步的空间观念。除此之外，还开展了"制作年历"综合实践活动，让学生每人搜集一份或多份旧年历，通过自主探索和咨询，初步了解年历一般是怎样制作出来的，选出自己最喜爱的年历，在班上互相交流，说说为什么喜爱这份年历。培养孩子搜集资料和动手操作的能力。

四年级教师们让学生制作《MyMindmap》数学思维导图，让学生对学过的知识进行回顾与整理，查漏补缺，把零散的知识系统化，对本单元知识在脑海里形成一个完整的知识体系；同时锻炼学生的发散思维、逻辑思维，帮助学生改进学习方法、提高对本单元知识结构的理解和掌握，从而提升学习效率。

高年级教师让学生们综合运用所学过的知识，开展以学生为主体，以实践性、自主性、创造性、趣味性以及非学科性为主要特征的多种活动。通过活动使学生拓宽视野，增长知识，培养能力，发展个性，生动、活泼、主动地得到全面和谐的发展。

在"双减"政策下，五年级教师带领学生开展了"'减'中求'佳'巧设计，我的作业我做主"综合实践活动，给学生自我做主的机会，自我省视的机会，自我约束的机会与自我发展的机会。有效促使孩子们带着自己的需求主动参与课堂学习，有效提升孩子学习的主动性。分层作业的选择既尊重了学有困难的孩子的实际情况，也满足了学有余力孩子的客观需求。

六年级教师组织学生开展了以"百变数学大咖秀"为主题的综合实践活动，通过扮演数学名人的活动，理解人与数学不可分割的内在联系；让学生了解数学名人，激发好奇心和求知欲，初步养成从事探究活动的正确态度以及发展探究问题的能力；学生们还能获得亲身参与实践的积极体验与丰富经验，养成合作、分享、积极进取等良好的个性品质。六年级老师还开展了"互联网的普及"活动，使学生在阅读统计资料和进行统计活动的过程中，进一步理解百分率的含义和百分率的计算方法；经历调查收集数据，应用百分数分析数据的过程，感受百分数在描述和分析数据过程中的作用，培养初步的数据分析观念。

在数学综合实践活动中，教师们寓教于乐，越做越成熟；学生们寓学

一年级综合实践活动

有趣的拼搭

🔲 一年级

综合实践活动方案

——有趣的拼搭

一、指导思想

为进一步贯彻落实有关"双减"工作的文件精神，以中共中央办公厅、国务院办公厅印发的《关于进一步减轻义务教育阶段学生作业负担和校外培训负担的意见》为准绳，贵阳市实验小学按照市、区教育局的相关文件要求，强化学校教育主阵地作用。一年级数学教研组以切实减轻学生课业负担为突破口，以课堂教学改革为主阵地，以强化创新意识、问题意识为重点，深入探索增效的策略、方法和途径，逐步建立和完善双减的长效机制，推进学区科学内涵发展，稳步提高素质教育实施水平，落实核心素养。

二、活动内容

苏教版数学一年级上册第六单元《有趣的拼搭》。

三、活动目标

1.学生在"滚一滚""堆一堆""摸一摸""搭一搭""数一数"等活动中，进一步感知长方体、正方体、圆柱和球的基本特征，了解它们在日常生活中的应用。

2.学生在活动过程中，初步感知平面与曲面是不同的，培养初步的直观判断能力，发展初步的空间观念。

3.学生在活动过程中，体会与他人合作的价值，培养初步的合作意识，获得积极的数学学习情感。

四、活动准备

每人准备正方体、长方体、圆柱、球若干；
每小组准备一个硬质文件夹、眼罩、布袋。

五、活动过程

活动一：摸一摸

1. 活动内容

学生四人小组合作，一人摸，其余学生说摸出的是什么物体；再由一人提要求，另一人摸出相应物体，其余人判断摸得对不对。

2. 注意事项

（1）如果摸到的图形所有的面都是平的，要先排除圆柱和球；如果部分平面大小不同就是长方体，每一个面大小相同就是正方体。

（2）如果摸到的图形有曲面，先排除长方体和正方体；如果没有平面就是球，有平面是圆柱。

（3）摸的时候不能看口袋。

（4）把摸出来的图形放回袋子。

3. 活动目的

活动一是反馈学生初步形成的表象。这个活动能使四种图形的表象更清晰、更牢固，不仅能加深学生对相关几何体特征的认识，培养学生对不同几何体的直观判断能力，还能发展学生初步的空间观念。

活动二：滚一滚

1. 活动内容

（1）猜想：如果有一块斜放的木板，把这4种积木放在木板上，结果会怎样？谁会滑下来，谁会滚下来？

（2）验证：展开小组活动进行验证。

（3）反思总结：球和圆柱都有弯曲的面，可以滚动；长方体、正方体的面是平的，只能滑动，不能滚动。

（4）拓展：像圆柱和球这样形状的物体容易滚动，能不能举一些生活中的例子。

2. 注意事项

（1）明确分组原则，可以就近原则按座位分，也可以按学号分。组内分工明确。有人实施，有人观测，有人抬木板，有人保护积木。

（2）木板一边抬高，一边紧贴桌面。

（3）让积木从同一高度自由滑下，不能推积木。

3. 活动目的

学生通过猜测、验证、交流、反思、拓展，创设了激发数学思考的问题情境。学生在活动中初步体会平面与曲面的区别，使原有的感知和认识得到进一步明确和强化。

活动三：堆一堆

1. 活动内容

（1）小组活动：每一组选择一种图形堆起来，看哪一组可以堆得最高。

（2）讨论：为什么正方体、长方体堆得高，圆柱和球不容易堆？

（3）拓展：生活中有应用的例子吗？

2. 注意事项

（1）明确分组原则，组内成员互帮互助。

（2）每次用同一种几何体来堆。

（3）保护好积木，不要滚得到处都是。

3. 活动目的

通过操作、思考，学生对平面与曲面有进一步感知。体现不同几何体在生活中有不同的应用价值。

活动四：搭一搭

1. 活动内容

学生根据自己的想法搭出相应的物体，思考怎样能搭得又高又稳，最后进行成果展示。

2. 注意事项

（1）思考自己想搭什么，想好了再动手。

（2）他人的作品可以从优点和待改进这两方面进行评价。

（3）引导学生展开想象。

3. 活动目的

用学生感兴趣的游戏活动调动学生的学习积极性，根据几何体特征，合理利用材料，有利于培养学生的应用意识、创新意识和空间想象能力。

活动五：数一数

1. 活动内容

和爸爸妈妈一起做个亲子小游戏——用积木或学具搭一搭，并给爸爸妈妈介绍你的设计思路，数一数用了多少个正方体、长方体、圆柱和球。

2. 注意事项

（1）把拼搭过程用照相或摄像的方式记录下来。

（2）数数要有序地数，可以从上往下、从左往右。

3. 活动目的

活动五将认数和认物体的知识综合起来，通过看图数数培养收集信息的能力，渗透分类思想。

小小建构家　拼搭大梦想

柳亚彤

正方体、长方体、圆柱、球……各种各样色彩斑斓的学具正在孩子们的课桌上舞蹈，这一幕热闹的景象正是我们实验小学一年级的数学综合实践活动——有趣的拼搭。城堡、花园、火箭……孩子们仿佛变身为一个个城堡设计师、花园小花匠、航天工程师，用有限的立体图形来彰显着孩子们自己生动有趣的创意。

在一年级上学期第六单元中，我们带领着孩子们学习了立体图形，认识了正方体、长方体、圆柱和球。但是由于一年级学生年龄较小，对知识的掌握往往是片面的、表象的、肤浅的，他们不能够很好的掌握好立体图形的特征，因此对于孩子们的空间观念还需要再培养。然而，传统的授课方式却难以提高学生的空间观念，学生觉得枯燥乏味从而丧失了学习的兴趣，针对这一情况，一年级的数学教师们以认识图形的综合实践活动开发为主题，开展"小小建构家，拼搭大梦想"的活动。

亚里士多德说过"我听过了就忘记了，我看过了就记住了，我做过了就理解了"。对于年龄较小的一年级孩子来说以做游戏的方式来进行教学是他们最感兴趣的，也是最容易接受的。游戏融入课堂在一定程度上不仅能提高学生的学习兴趣，活跃课堂气氛，而且在某种程度上还能够减轻学生的学习压力。游戏教学能够协调学生左右脑的发展，还能提高学生的综合语言运用能力，促进思维的发散。在 2011 年发布的义务教育数学课程标准中提到"综合与实践"，就是一类以问题为载体、以学生自主参与为主的学习活动。"综合与实践"不仅可以在课堂上完成，还可以课内外相结合。通过实践活动，学生可以感受数学在日常生活中的作用，也能够更好地体验运用所学知识和方法解决简单的问题，获得初步的数学活动经验。在实践活动中，也能够更好地了解要解决的问题和解决问题的办法。同样的，在经历了实践操作的过程中，学生也能够加深对所学内容的理解。

为了让孩子们能够更好地感知长方体、正方体、圆柱和球的基本特征，了解它们在日常生活中的应用。一年级数学教师们设计了"摸一摸""滚一滚""堆一堆""搭一搭""数一数"等活动，让孩子们在活动过程中，初步感知平面与曲面的不同之处，同时在活动中，教师也能培养孩子初步的直观判断能力并发展他们的空间观念，以及让孩子体会与他人合作的价值，培养初步的合作意识，获得积极的数学学习情感。

"请拿出你准备的正方体、长方体、圆柱和球，各位小组长拿出活动前准备好的硬质文件夹、眼罩和布袋。"随着数学教师一声令下，"现在开始'摸一摸'的活动！"只见孩子们迅速组成四人小组，一位孩子摸，并说摸出的是什么物体，其余孩子判断他说的对不对；然后再由一位孩子提要求，另一位孩子摸出相应的物体，其余孩子通过观察来判断是否正确。"摸一摸"作为第一个活动，可以增强学生对这几种几何体主要特征的认识，除此之外还可以帮助学生回忆上节课的知识，激活对相关几何体的感知，为接下来的活动打下基础。通过动手摸判断是什么几何体，或摸出指定的几何体都能加深学生对相关几何体特征的认识，培养学生对不同几何体的直观判断能力，发展初步的空间观念。

"如果有一块斜放的木板，把这4块积木放在木板上，会发生什么样的事情呢？你们来猜一猜谁会滑下来，谁会滚下来？"孩子们在数学教师的引导下，纷纷做出猜测："我觉得是横着的圆柱能够滑下来！""我觉得球能够滚下来！"……孩子们在数学教师的引导下展开小组活动进行验证。孩子们通过动手操作很快就发现：球和圆柱都有弯曲的面，所以可以滚动；长方体、正方体的面是平的，只能滑动，不能滚动。此时，数学教师趁热打铁，请孩子们找一找在生活中像圆柱和球这样容易滚动的物体还有哪些，通过观察生活中的物体，孩子们能够更好地理解这些几何体的特征。在"滚一滚"活动中，孩子们通过猜测、验证、交流、反思、拓展，创设了激发数学思考的问题情境，也在活动中初步体会了平面与曲面的区别，使原有的感知和认识得到进一步明确和强化。

　　"我们来比赛吧！每一个小组选择一种图形堆起来，看看哪一组可以堆得最高。"在数学教师的激励下，孩子们踊跃尝试。"天呐！我们组为什么要选球啊！太难堆了！""耶！还好我们选了长方体！看我们堆得多高啊！哈哈！""堆一堆"的活动让孩子们在操作、思考中对平面与曲面有更进一步的感知，体现出不同几何体在生活中有不同的应用价值。

　　在接下来的"搭一搭"活动中，孩子们踊跃的思考怎样才能搭得又高又稳又美观，并依据自己的想法来搭出各种各样的物体，最后进行成果展示。用孩子们感兴趣的游戏活动来调动他们的学习积极性，而且根据几何体特征，合理利用材料，也有利于培养孩子们的应用意识、创新意识和空间想象能力。"搭一搭"就是各种立体图形的形状特征的简单应用。如果想要搭得高一些、多一些，孩子们就能发现使用长方体和正方体的积木比较好，如果想要让搭成的物体能前后运动，就需要用圆柱……做出这些选择都离不开对立体形状特征的了解。

　　数学教师们还把综合实践活动延伸到每一个孩子的家里，让孩子们和爸爸妈妈一起做个亲子小游戏——用积木或学具"搭一搭"，并给爸爸妈妈介绍自己的设计思路，数一数用了多少个正方体、长方体、圆柱和球，这样既可以加深孩子们对图形的认识，也能够增进孩子与父母之间的感情，让父母参与到孩子的学习中来，了解孩子的学习情况。

　　在活动后我们还可以用实验小学特色的综合实践报告呈现孩子们的学习成果，并在班级进行交流和展示，这既可以培养孩子们的表达能力，还能增加孩子们的自信心。

　　《新课程标准》强调从学生已有的生活经验出发，让学生亲身经历将实际问题抽象成数学模型并进行解释与应用的过程。一年级小学生的思维能力虽然还不够强，但他们已具备一定的生活经验。教师如果将数学问题还原为生活问题，在学习中遇到的困难就比较容易克服。因此贵阳市实验小学的老师们在《有趣的拼搭》一课中，通过"摸一摸""滚一滚""堆一堆""搭一搭""数一数"等教学环节，让学生在喜闻乐见的活动中，进一步了解了长方体、正方体、圆柱和球的特征，也让学生的综合能力得到提升。

在新课标中明确指出，学生通过实践活动，初步获得一些数学活动的经验，了解数学与生活的广泛练习，加深对数学知识的理解，获得应用数学解决问题的思考方法，并能与他人合作交流。在这次活动中，学生利用多感官感知立体图形的特点，初步获得一些数学活动经验，了解数学在日常生活中的简单应用，获得积极的数学学习情感。而且通过实际动手操作，既加深了对图形的认识，又验证了自己的发现，启发学生联系生活实际，培养了数学应用意识。

数学是一种不断进化的文化，数学是一种别具匠心的艺术，数学是一切知识中的最高形式，数学是研究现实生活中数量关系和空间形式的学科，是人类智慧皇冠上最灿烂的明珠。孩子们，希望你们在数学的奇妙天地中去体味数学，学习数学，开垦数学。这迷人的魔力将会激起更多的人热爱数学，关心数学，学习数学。

海上灯塔

—— 我的第一次数学综合实践活动

一（9）班 张弗离

我喜欢旅行，尤其喜欢大海。

在三亚海边，我曾经问妈妈："大海宽广又辽阔，那些船出了港口之后，怎么找到回家的路？"妈妈告诉我："每艘船上都有导航。""那古代的船呢？古代还没有发明导航呀？""古代的时候，大海上的船回家靠的是灯塔。"妈妈微笑着回答我。

上了小学以后，旅行的时间变少了，我离海渐渐远了。有时候，会在美术的绘本上画沙滩、椰树和会飞的海龟。常常画着画着，耳边就仿佛响起了海浪的声音，有一艘船正鸣笛从远方归来。

"今天，我们有一个非常有趣的活动，小朋友们发挥想象，用我们学过的长方体、正方体、圆柱、球这些形状的积木搭一个你最爱的东西，我要看看每一个小朋友心里装着什么梦想。"这是我喜欢的杨老师布置的数学综合实践活动。因为她，我也喜欢上了数学，她经常让我们做一些有趣的研究：比如在画册里给小朋友涂上漂亮的颜色，或者用折纸剪出可爱的动物。而这次是用积木搭建自己最爱的东西。妈妈说："你爱什么呢？是美味的汉堡包？是旋转的摩天轮？还是可以穿过山洞的绿皮火车？""不，妈妈，这些都不是。我最爱的是灯塔，大海的灯塔。"我信心满满的回答道。可是，该怎样搭一座海上的灯塔呢？面对一大堆各种形状的木块，我突然变得不知从何下手。

　　坐在七零八落的积木前，我想起杨老师说过，搭积木首先脑海里要有想象力，然后再根据每一块积木的大小、重量、形状来设计整体的形状。此时，我想起了在三亚的港口，看到的大海中的灯塔，既雄伟又高大，稳稳地站立在大海的风浪里。我拿出水彩笔，在绘画本上画出了一座灯塔。然后，我对着桌上的彩图，取出三块又大又长的圆柱，先立起来，这样，灯塔的地基就有了。接下来是加上长方体的地板，开始安装它的身体。因为在大海里风浪很大，所以妈妈建议我把灯塔建大一点。这样才能保持灯塔的平衡。积木的颜色很多也很明亮，所以我的灯塔五颜六色的，像站在海里的彩虹。每搭建一块积木，我的灯塔就长高一点，旋转、垒高、架空，我还开了两个小窗，这样灯塔里的人，也可以看到大海了。当我最后把探照灯装上去之后，一座灯塔就完成了。别看这是一件简单的搭积木的活动，我也认真思考了很长时间，在搭建的过程中也失败了几次。可是我没有放弃，而是从失败中分析原因，最终搭成了我心中的灯塔。

　　妈妈说："灯塔让我们找到回家的路，而数学，可以让我们找到未来的路。"

学生作品

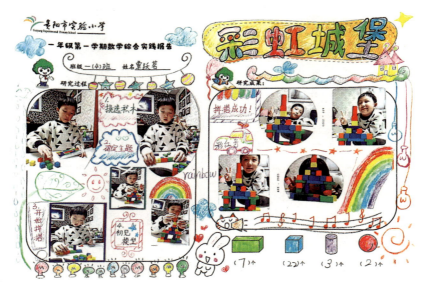

贵阳市实验小学　一（4）班　覃跃茗

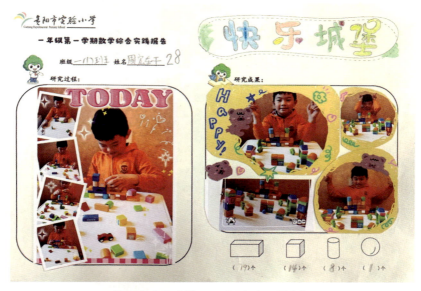

贵阳市实验小学　一（1）班　周宏轩

贵阳市实验小学　一（2）班　张皓文

贵阳市实验小学　一（12）班　李玥彤

贵阳市实验小学 一（5）班 刘佳睿

贵阳市实验小学 一（6）班 王一洋

参与有"趣"拼搭　走进数学世界

一（1）班　杨光宇禄家长

　　著名几何学家陈省身教授说过："数学简单，数学使一切科学变得简单；数学好玩，大家都来学数学。如果要让孩子喜欢上数学，那就不要用我们的方式让孩子们去接近数学，而是让他们用自己的方式接近数学。"贵阳市实验小学一年级"有趣的拼搭"综合实践活动的开展，引导学生快乐的拼搭、智慧的拼搭、充满想象的拼搭，让孩子们感受了数学之美，培养了数学思维，让数学活动充满趣味、充满想象。

一、"有趣的拼搭"活动提升了小朋友对数学的兴趣

　　小朋友在老师的带领下认识了长方体、正方体、圆柱和球后，根据自身的学习体验，利用熟悉的图形，用积木、乐高等物体，经常进行创意拼搭。城堡，是童话和梦幻的代名词，也是小朋友心中最美的建筑，小朋友特别喜欢搭建城堡。车作为现实生活中不可或缺的交通工具，小朋友都很熟悉，于是他能轻松地把小汽车、火车、油罐车等等都用身边熟悉的物体拼出来。我家小朋友一直都有一个航海梦，梦想着能够拥有一艘自己的邮轮，于是我们就一起拼搭了一艘以他名字命名的"阳光号"邮轮，这使他成就感十足。机器人也是我家小朋友非常喜欢的玩具，他自己动手拼出心目中的机器人形象，还和机器人做着同样的动作呢！每一次拼搭完成后，他都会自我欣赏，并把自己的作品向爸爸妈妈和爷爷奶奶展示，表现出对数学的浓厚兴趣。

"有趣的拼搭"活动，让小朋友插上想象的翅膀，拼搭出生活的点点滴滴，创意拼搭无极限，小朋友快乐地充当了一回"小小设计师"。

二、"有趣的拼搭"活动增强了小朋友的综合能力

孩子在这次"有趣的拼搭"实践活动中受益匪浅。一是能够加强动手能力。堆积木时，孩子需要灵巧地使用双手，因此促进了精细动作的发展，将零散的积木堆出复杂的物体。二是增强了手和眼睛的配合能力和观察力。孩子搭出来的房子之类的物体，实际上都是生活中常见的。他首先要学会观察，然后在拼搭的过程中，把日常生活中观察到的事物用积木表现出来，观察力就在不知不觉中培养起来了。三是培养了孩子的人际交流能力。在拼搭过程中，孩子经常请姐姐、父母和爷爷奶奶帮忙，家人们也乐于参与其中，使他感受到比一个人玩更有趣。四是让孩子产生了做一件事情的好奇心和自信心。搭积木的过程完全由孩子自己控制，这给孩子带来了满足感和自信心。孩子在拼搭积木过程中，学到了很多与数学相关的知识，空间感、想象力、创造性和语言表达能力都得到了有效地增强。五是增强了对数字的敏感度，增强数学能力。拼搭过程中数数过程是很自然的，对用到的积木数量也做到心中有数。六是加强了孩子对待事情的专注程度，整个拼搭过程需要双手频繁协调操作，烦琐也伴随着拼搭的成就感化解。七是能够培养孩子发现及解决问题能力。每当遇到卡壳，孩子都停下来琢磨是哪里的错误，为什么达不到预期的造型，及时找到错误发生的地方并修正，最终完成拼搭。

三、家长要乐于充当益友和助手

孩子的"有趣的拼搭"活动离不开家长的陪伴，属于家校共育的方式。这种方式可以很好地让孩子感受到父母和老师参与愉快的学习过程。有些拼搭可能会很难，这时家长一定要舍得给孩子充分的时间和思考的空间，要学会等待，不要急着给出答案。有时候还要和孩子一道共同解决难题。其实，如果当孩子遇到一些困难时，我们总是不急于把答案和结论告诉孩

子，而是给孩子一些时间去静心思考，很多时候孩子都能自己顺利解决，有的解决方法还会出人意料。帮助孩子从对数学一窍不通到他突然撞破他和数学之间的那道屏障，进入一个豁然开朗的数学世界，这是老师和家长的共同责任。学校教育和家庭教育能做的，就是陪伴学生等待那一刻的豁然开朗。每一朵花都有自己开放的季节，每个孩子的生长发育也有快有慢。但是，快和慢仅仅只代表现在的状态，本阶段的认知水平并不代表最终到达的高度。我们不妨沉下心来，褪去家长的权威光环，俯下身来，慢慢去等待，细细去提醒。当生命渐渐觉知时，不要急着去打扰，只是在某个关键的节点，悄悄用手扶一扶。这些我都在努力尝试做到、做好。相信有了家庭与学校两方面共同发力，孩子的发展也会越来越好。

四、教学改革势在必行

在信息化社会、学习化社会，学生获取知识的方式已经呈现出多元化、全方位的特征，学校教育尤其应该具有开放的教育观念和开放的教育视野，超越学校空间对学生成长的局限性。而综合实践活动是一门综合课程，是一门实践性课程，更是一门以直接经验获得为主的课程，它与以间接经验获得的学科课程不同。在学科课程中，教师的"教"是一种很重要的知识传授方式。而在综合实践活动中，主要主张学生通过亲身体验获得对客观事物和自己的生活的感知与直接认识，它更注重学生的个人感悟与个性化

知识的发展，强调学生的个性化发展。数学学习要有好玩的学习内容，有好玩的学习过程，有好玩的学习方式。如果数学好玩起来，就会有更多的孩子愿意走进数学世界。要努力让孩子充分享受学习数学的快乐，而不是成为沉重的负担。

"有趣的拼搭"引入教学，将抽象枯燥的数学知识寓于趣味的活动之中，激发学生的学习兴趣。巩固、拓宽了学生所学的知识，开阔思路、活跃思维。使空间想象能力得到充分自由的发展。

本次学校展开的"有趣的拼搭活动"，孩子收获了动手能力的锻炼，家长收获了与孩子一起成长、学习的乐趣，老师增进了与孩子、家长的亲密度，这正是社会喜闻乐见的教育结果。

一年级综合实践活动

小小商店

综合实践活动方案

——小小商店

一、指导思想

为贯彻落实《关于进一步减轻义务教育阶段学生作业负担和校外培训负担的意见》中关于"大力提升教育教学质量，确保学生在校内学足学好"的精神，按照贵阳市教科所关于小学校本教研评比的相关要求，通过开展教育理论研究和实践探索，解决新课程改革中所出现的各种具体问题为对象的实际问题，以课堂教学活动研究为主阵地深化课程改革实验，进一步促进校本教研工作规范化、常态化开展，全面推进素质教育，落实核心素养。

二、活动内容

苏教版数学一年级下册第五单元《元、角、分》。

三、活动目标

1. 以游园会的形式，让学生通过亲身参与实践活动，加深对人民币的认识，进一步掌握人民币的换算及简单的计算。

2. 培养学生应用数学解决实际问题和进行教学交流的意识和能力，获得数学学习的积极情感。

3. 融入跨学科知识，培养学生综合运用知识的能力。

4. 在活动中对学生进行思想品德教育。

四、活动准备

（一）学情分析

通过问卷的形式了解孩子们掌握对人民币的认识和使用情况。

（二）注意事项

管制刀具、贵重物品以及"三无"产品不允许带入卖场。

（三）活动时间地点

活动时间：2021 年 5 月 19 日。

活动地点：教室、走廊。

（四）参加人员

一年级全体学生、各学科教师以及各班部分家长。

（五）买卖形式

可以一人买卖、小组合作、自由组合。

（六）商店价格

50 元以内。

（七）商品种类

批发的小商品、自制的物品、自制的小食品。

五、活动流程

1. 布置好卖场。各班开设不同形式的小小商店，挂上商店名称，并摆放小商品。

2. 学生用人民币购买小商品，学生之间可任意到其他班进行小小商店购买。小组之间互换角色。

3. 活动结束后，收拾店铺及教室和走廊卫生。

4. 老师在家长的协助下，指导学生进行商品销售情况统计。

5. 各班级教师在班上对这次活动进行认真总结反馈。

六、活动成效

1. 这样用买卖体验的形式开展对人民币的运用，激发了学生对数学学习的兴趣和学习数学的信心，体会到在买卖中运用人民币的乐趣。

2. 从对问卷前后的对比来看，学生会使用人民币的占比从课前的12%，到单元学习完后的67%，再到开展"小小商店"综合实践活动后，提高至92%。

3. 学生在与其他班学生的互动中，提高了与他人合作交流的能力，树立了自信心。

4. 在买卖活动的过程中，实现了语文、美术、英语、道德与法治和劳动教育的有效整合，培养了综合运用知识的能力。

5. 通过开展这样集体教研的方式，让我们在不断地反思中改进，在不断改革中提高我们对课程质量的认识理解，提升了教师的课程研发和设计水平，促进了专业成长。

6. 教师通过活动，转变了教育理念，提高了整合多学科知识的运用教学能力。

基于五育并举的"TREE"课程
改革实践研究

韩惜娟

　　2021 年 5 月 19 日，贵阳市实验小学一年级全体师生在教室及走廊开展了"小小商店"综合实践活动。一提到此活动，脑海中就闪过一幅幅画面：孩子们在教室和走廊不停地叫卖吆喝、招揽生意、卖家买家的讨价还价……热情似火。有老师、家长、孩子们辛勤的汗水、精彩的创意、沉甸甸知识的展现，更有孩子们综合魅力无限的散发，全是逛不完的市场，淘不玩得精彩。

　　"小小商店"是一年级数学下册《认识人民币》中的以学生的自主学习为基础、合作探究为学习途径的综合实践活动课，一年级的老师们经过多次的教学实践、研究课标和参考教学书目等相关资料，确定本次活动主要体现在：（1）以模拟的方法展示了一个小小商店的情景，主要采取以游园会的形式，让学生通过亲身参与模拟购物的实践活动，加深对人民币的认识，让学生进一步掌握人民币的换算及简单的计算；（2）培养学生应用数学解决实际问题和进行教学交流的意识和能力，获得数学学习的积极情感；（3）融入跨学科知识，培养学生综合运用知识的能力；（4）在活动中对学生进行思想品德教育。

　　"小小商店"是学生带着自己的知识、经验、思考、兴致去参与的活动，但考虑到一年级孩子的自律能力还不高，相比一般的常规课而言活动课就显得更为丰富、多变。综合实践活动课要变得更灵动、鲜活，让学生乐学而又有所收获，除了教师为学生营造一个良好的学习氛围外，更要教师敏感而不失时机地捕捉到学生的各类信息，组织、引导学生积极地参与到学习过程中。要让孩子们感受到数学就在自己的身边，数学可以帮自己解决生活中的很多问题。

老师们在活动前，通过问卷的形式了解孩子们掌握对人民币的认识和使用情况，发现存在的问题，通过以游园会的形式让学生自己买卖商品来调动学生的积极性，加深对人民币的理解，学生体验生活中的数学，数学中的乐趣。

在活动准备的过程中，体验动手的快乐。教师与学生及家长共同创办"小小商店"，取店名，布置商店等。安排学生运用所学知识动手布置这样的活动，这样既重视低年级儿童的认知心理和认知特点，又符合教学规律，最大限度地优化了课堂教学。也做到了家校合作、师生合作、生生合作、家长与孩子合作，让学生做自己想做、能做、乐做的事，不仅巩固了所学知识，而且发现了新的规律，最大限度地给予了学生动手实践的快乐。

在买卖物品的过程中，体验运用知识的快乐。学生在活动中有新的收获，有耳目一新的感觉。因为教师没有停留在对旧知识的"回炉"上。不是把数学题目进行归类，让学生去死记类型，千篇一律地去模仿例题，而是让学生在原有知识基础上进一步运用知识解决实际问题。老师在家长的协助下，指导学生进行商品销售情况统计。

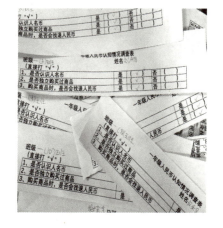

在活动结束后询问在买卖物品的过程中遇到的问题：你在购物中遇到了哪些问题？你是如何解决的？你购买了哪些物品，用了多少钱？经历知识获得的过程，经历深思熟虑的思维形成过程，打破原有的思维定式，重新撞击出思维的火花。让学生在活动中探究，在探究中交流，在交流中获知，体验运用知识的快乐。学习完本单元后，同学们还进行了综合实践活动汇报。

"小小商店"运用"角色扮演"使课堂生动有趣，用买卖体验的形式开展对人民币的运用，激发了学生对数学学习的兴趣和学习数学的信心，体会到在买卖中运用人民币的乐趣；学生在与其他班学生的互动中，提高了与他人合作交流的能力，树立了自信心；同时在买卖活动的过程中，实现了语文、美术、英语、道德与法治和劳动教育的有效整合，培养了综合运用知识的能力；也让我们在不断地反思中改进，在不断改革中提高我们对课程质量的认识理解，提升了教师的课程研发和设计水平，促进了专业成长。另一方面还是存在着一些不足的地方，比如：有些商品没有明码标价，有的孩子在销售时不够大胆。学生购物时间短，有操之过急的现象，让"顾客"学会讨价还价，钱不够时该怎么办等等。

市场逛不完，精彩淘不玩，学习永不止。

一、精心预设，为课堂生成预留空间

老师的预设是课堂生成的平台，如何引入、如何激趣都需要老师的"别有用心"。活动前把教室按书本的样子布置成一个小商店，孩子一上课便无比兴奋，跃跃欲试。为了让孩子能静心地复习人民币的相关知识，我把自己变成总经理，把复习题变成有奖问答。为了获得更多的现金代用卷，孩子们一个个积极发言。而我设计的问题传统而不失灵活，问题简单，但答案又不尽丰富。

二、及时发现，让"生成"变成资源

课堂的旅程从来都不会遵循教师预定的轨迹前进，而是随时都可能发生"意外"。这些"意外"往往是不经意间就发生了，所以老师必须敏感、及时地捕捉到这些"意外"，顺学而导，把"意外"变成资源。

比如活动的过程中，发现有一个孩子买完了一样文具，他并没有像其他同学一样着急着买第二样东西，而是回到自己的座位上清点自己剩下的纸币。买完东西及时清点自己的财物是一个很好的习惯，既检查了售货员有没有找错钱，又可以知道自己剩下多少钱，还可以买什么。

三、反思总结，让教学无限上升

"小小商店"数学综合实践活动的开展，为学生经验的积累打开了一扇门，也为学生开辟了应用数学的新天地，更提升了学生数学创新精神、实践能力和劳动精神。我们在今后开展类似综合实践活动中，将不断总结经验，为下一届类似的综合实践提供范例，提高活动质量。对不同的学生做到因材施教，使学生学会发现数学来源于生活，生活中处处有数学，并将之用于生活，学会生活。

让数学与生活"亲密接触"

一（4）班　罗雅萱

　　"小小商店"活动非常有意义。通过这次活动我不仅学习到了关于人民币的知识，还学会了如何使用人民币，学会了解决实际问题。我还将最喜欢的画画和手工加入到报告的制作中。还锻炼了我的口述能力，在汇报演讲时，我的作品获得全班 51 人的喜爱，这增加了我的自信心和学习的动力。我非常喜欢这样的活动。

学生作品

贵阳市实验小学 一（10）班 许绫萱

贵阳市实验小学 一（4）班 江雨橙

贵阳市实验小学 一（5）班 向恩九

贵阳市实验小学 一（6）班 李帛霖

贵阳市实验小学 一（6）班 许尔迪沙

贵阳市实验小学 一（7）班 黎澈

"趣"数学综合实践活动

五育并举下"TREE"课程
创新带来的优势

一（4）班　罗雅萱家长　张玲敏

贵阳市实验小学以"生态育人"的办学理念，开创了独特的"TREE"课程，可以说这一举措在全省乃至全国教育理念中都走在前沿。作为学生家长，孩子能在这样的学校里求学，真是无比幸运和骄傲。下面就该课程体系下举办的活动分享我的感受：

一、五育培养，为学生提供多元的课程资源

学校不仅为学生配备了优质的教师资源，更为学生形成正确的人生观、价值观提供了良好的环境和条件。丰富多彩的"TREE"课程让校园充满了更多欢乐，拓展了孩子视野，延伸了知识的广度和深度，让学习变得快乐且更有意义。

二、多维度延伸孩子知识范畴，拓展孩子的视野和能力

本次制作的数学综合实践报告"小小商店"充分体现"TREE"课程带给孩子多维度锻炼，对孩子能力的拓展，以及对兴趣的启发。

回来后，孩子说明了综合实践报告制作的要求和提交时间，我和她先来了一场头脑风暴，教她先用思维导图的形式将报告内容梳理，然后再扩充内容。她觉得很有趣，立马尝试着做起来，边做边构思如何组织语言、

配图。虽然最后的结果只是呈现在一张纸上，但制作的过程对于孩子的锻炼和学习远远不止这些。过程中教会了孩子用思维导图的方法梳理思路，大胆创意和想象，将擅长的画画和手工及时地体现出来，敢于说出自己的想法，并大胆的实现它；教会她面对困难，要勇敢积极地面对和解决，要达到自己的目的，就要学会付出和努力，主动解决问题，查阅资料，多次尝试，最后才能获得自己满意的结果；教会她做事有始有终，认真严谨的态度，在制作报告时她生怕影响报告美观，书写和画画时格外认真和细心；教会她大胆、自信地表达，锻炼了口头表达能力和胆量。汇报阶段学校还会组织让每个孩子在班上对自己报告展示和口述，既锻炼了表达能力又能让孩子在聆听中学习到其他同学的优点，这无疑是一次难得的学习和锻炼。通过这次综合实践报告，能让孩子学习到多维度的知识，能力得到多方面的发展，视野得到多方位的拓展。

三、五育并举促成长，家校携手共发展

孩子的成长离不开学校和家庭的携手发展，通过家庭教育和学校教育相结合起来，并在教育中加入五育并举的思想，双方不断发挥各自优势，我相信在家长和学校的共同努力下，定会如实验小学的育人目标一样，培养具有"厚德仁爱、多能创新、善思能辩、国际视野"的现代小学生。

实验小学基于五育并举理念的"TREE"课程改革，不但将课本知识立体化、创新化、多元化，拓展知识的广度，更是在不知不觉中培养了孩子多方面的能力，让学习变得生动且充满乐趣。孩子也给我带来很多惊喜，让我发现了孩子身上很多优点和优势。这次活动锻炼了孩子的解决问题能力、创作能力、语言表达能力，让孩子在知识的海洋里遨游，润物细无声的促使孩子成长，我想，这就是教育的最高境界。

二年级综合实践活动

有趣的七巧板

二年级

综合实践活动方案

——有趣的七巧板

一、指导思想

随着社会的进步，人们生活水平日益提高，孩子们接触的游戏也发生了一些重大的改变，多种多样且科技水平更高的玩具开始陪伴学生的成长。二年级数学组在课堂教学中深耕细作，并根据二年级学生的年龄特点，在学校"TREE"课程的引领下利用数学综合实践课"有趣的七巧板"，力求给予每位同学动手实践、学以致用的机会。

二、活动内容

苏教版数学二年级上册第二单元《有趣的七巧板》。

三、活动目标

1.使学生通过拼图形的活动,加深对已经学过的一些图形特征的认识,体会图形之间的联系与区别,发展初步的空间观念,培养初步的实践能力和创新意识。

2.使学生在用七巧板拼图形的活动中,增强对数学学习的兴趣,培养与同学合作的意识,提高审美情趣。

四、活动准备

七巧板一副、白纸一张。

五、活动过程

活动一：想想拼拼

1. 活动内容

学生四人一组，选择七巧板中的任意 2 块、3 块、4 块、5 块、6 块图形进行拼一拼，在小组内交流拼出的图案。

2. 注意事项

（1）引导学生先想一想准备选择哪几块来拼，拼成的图形是什么样子的，再按想好的方法拼一拼。

（2）提示学生由易到难展开拼图形的活动。

3. 活动目的

引导学生用七巧板拼出认识的图形，并由简单到复杂地组织学生拼出图形并交流。兼顾不同发展水平学生的学习要求，能有效地激发学生参与拼图活动的兴趣，引起求异的意愿，促进思维的发散，有利于发展学生初步的实践能力和创新意识。

活动二：拼拼说说

1. 活动内容

学生用一副七巧板拼更多有趣的图形，拼出的图形不再限于已经认识的平面图形，还可以拼出形如鱼、羊、猫等其他图形。

2. 注意事项

（1）先让学生想好要拼的图形再开展拼的活动。

（2）小组能进行交流，让学生把自己拼出的图案编成一个小故事说给同学们听。

3. 活动目的

活动二引导学生用七巧板拼出认识的图形，使学生在有趣的拼图活动中，充分发挥自己的聪明才智，创造出富有个性的图案，有利于发展学生的想象力和创造力。

小图形　大智慧

张玉琴

《义务教育数学课程标准（2011 年版）》中明确提出"综合与实践的教学活动应当保证每个学期至少开展一次。可以在课堂上完成，也可课内外结合实施"。由此可见，要借助教材提供的素材，并加以创造性使用，发掘新学知识深层次的内容，培养学生的数学应用意识，提高学生整合运用新知识、解决实际问题的能力。

我校"TREE"课程通过对知识结构和过程结构的创新，依据人与自然、人与社会、人与自我三大关系整合学习内容，让课程回归生活，让教育回归自然。运用内容统整、学科整合、真实情景、深度探究四大策略，实质性的推动"课堂革命"。"TREE"课程体系中课程分为基础性课程、拓展性课程、探究性课程。其中研究性学习就是探究性课程中跨学科实践课程的一个板块。研究性学习是培养学生永不满足、追求卓越的态度，培养学生发现问题、提出问题、解决问题的能力。

小学数学综合与实践课程教学活动的主题内容设计，不是先决定教师要教什么、学生要学什么，而是要先思考学生关心的数学问题是什么，什么是其年龄段最感兴趣、做得来的事情，然后引导学生再去寻找研究的主题、内容。综合与实践活动的内容要特别突出"综合"，这种综合不仅表现为数学内部各分支之间的综合、数学与其他学科之间的综合、数学与学生日常生活实际之间的综合，还表现为解决数学问题的过程要求学生对各种能力、各种方法、各种工具的综合。它不应该只是一个具体知识点的直接应用，不应该只是已有数学知识、方法反射式的套用，它应该给学生一个综合应用以往学过的所有数学知识、方法，去实际解决一个数学内部或生活实际问题的机会。

建构主义学习理论认为，学生已有的知识基础应成为他们学习新知识的首要资源。而知识整合教学理论认为，尊重学习者的已有想法，能促使学习者取得更大的成功。小学数学课程综合与实践领域的内容便是一类"借以问题为载体、以学生自主参与为主"的学习实践活动。开展综合与实践活动教学，能促进小学数学教学方式和学习方式的转变。在实践活动的过程中，学生将综合运用学科知识和方法解决问题。这就要求学生能建立不同知识之间的联系，整合领域相关知识，帮助解决实际问题，从而实现能力的真正提升，这与知识整合教学的相关理论不谋而合。可见，数学实践活动课的开展能作为知识整合教学的良好载体及实现手段。

因此我们二年级数学教研组在学校"TREE"课程体系下，以培养学生的数学素养为目标，深入、扎实地开展小学数学综合实践活动研究。

数学综合与实践活动的目标定位与学科教学有所不同，重在让学生积累基本的数学活动经验，是否真正动手操作，是否有效地进行数学思考等。因此，我们针对苏教版二年级上册的《有趣的七巧板》一课，进行了设计。

七巧板是中国流传于民间的传统智力玩具，由七块板组成。主要为正方形、三角形、平行四边形。它们的形状不同，个数也不一样。七巧板的拼接组合不仅形式丰富，而且趣味性极强。在数学综合实践课中运用七巧板进行游戏教学，不仅能营造良好的学习氛围，提高学生的动手操作能力，而且可以培养学生的创新意识和数学学习兴趣，发展学生的数学思维，提高学生的学习效率。同时，动手操作活动容易吸引学生的注意力，既可以激活学生的思维，使学生养成良好的学习习惯，又能完善学生的人格，提高学生的审美和语言表达能力。

因此，在学生初步认识了长方形、正方形、平行四边形和三角形这四种平面图形，并初步接触七巧板的基础上，我将本节课的教学目标定位为：

1. 学生通过观察、分类和拼图等活动，认识七巧板，初步学会用七巧板拼成一些简单的图形或图案，进一步体会学习过的平面图形的特点；

2. 学生在拼图活动中，了解用七巧板组合图形的不同拼法，体会图形的变化，培养动手操作能力和创新意识，发展空间观念和形象思维；

3. 学生在动手操作过程中，体验七巧板的"巧"和用七巧板拼图的"趣"，感受我国古代数学文化的智慧，初步体会我国传统文化的博大。让学生会用七巧板拼图，提高实践操作能力。通过观察、操作、想象，发展学生的空间观念，在尝试、概括、归纳中丰富学生的思维经验。通过独立思考、推理验证，培养学生的创新精神。

综合与实践教学是以学生的自主探索为主，学生的学习过程呈现出开放化的态势，这就极大地解放了学生的感官，对低年级学生的教学应利用好"视"与"触"这样的直观教学方式，建立和发展空间观念。所以在"有趣的七巧板"的活动中，我们还利用信息技术的强大功能给学生展现实时、具体、形象、直观、生动、开放、灵活的视听材料，充分调动学生多种感官参与到学习过程中，使学生更乐于接受新知识。不仅增加了学习的趣味性，也使问题情境变得更逼真，教学资源的外延更广，教学知识点的展现更灵活多变。还契合小学生的生理特点，弥补了注意力不易集中的缺陷，使得他们进入角色快、积极性高、参与度更广、思维活跃度更灵活，极大地提高了学习效率。

课堂上初步认识了七巧板后，学生大胆尝试自主探索，利用七巧板创作出美丽的图案：有机器人、房子、兔子、狐狸、天鹅……再将自己的作品制作成一幅幅研究性学习作品，带到课堂上与同学们分享。你听他们的介绍毫不畏惧，讲着自己的研究时自信大方。

传统教学中，教师主讲、学生主听已经成为教学的主要模式，即便有所发展，也是师生一问一答的简单互动。虽然有教师的牵引，但是教学却不能完全放开，而是一种小步走的形式。一个问题一个问题地问，学生缺少自主思考，更没有机会进行探究。而且这种问答式有一种随意性，对于全班学生来说纯粹是偶然，课堂实效自然也不高。至于课堂中的一些隐蔽问题，教师也就不能及时发现。这是问答式教学的局限，虽然相比过去已经进了一步，但是离课标精神还相差很远。把问答式教学进一步扩展到多元对话，由原来的师生对话转变为生生对话、生本对话，则是当前探讨的主要改革方向。在多元对话过程中，师生关系平等，教材也不再是权威，而只是一种话题或者一个谈资而已。在教学过程中还需要突出教师主导作用，强化启发教育，引导学生一起去创造文本，去生成学习。

实践结果告诉我们：数学课堂中，利用七巧板开展研究性学习，不仅有助于发展学生的思维，增强学生的空间想象力和观察能力，而且有利于发展学生的语言表达能力和动手操作能力，培养学生的创新意识，让学生感受到数学的美，体会到各种图形之间的内在联系和区别。

而我们开展的研究性学习的本质在于，让孩子亲历知识产生与形成的过程，学会独立运用其脑力劳动，追求知识发现、方法习得与态度形成的有机结合与高度统一。知识的习得不仅是一个接受的过程，同时也是观察、发现、思考、辩论、体验、领悟的过程。通过本次研究性学习，学生学习不再是被动地接受知识，而是运用类似科学研究的方式，去主动地获取知识、应用知识、解决问题，培养了学生分析问题和解决问题的能力、社会实践能力和动手动脑能力以及团结协作能力。在研究性学习的锻炼中，掌握分析和解决问题的方法，将自己课堂上学到的知识运用到实践中，再让实践来丰富孩子的认知，大大增强了孩子学习的自主性。相信每一个孩子通过这一次的研究都能得到锻炼。同时研究性学习还让数学老师们实现了自我发展，一次次活动的开展，老师们不断突破自我，积极探索，勇于创新。

小手拼搭　大世界

二（4）班　陈爱旭

　　马上就要放假了，本学期老师带领我们一起学习了七巧板。你以为这是美术课吗？那就错了，这是"枯燥"的数学课。

　　一个正方形、一个平行四边形、五个大小不一的三角形，就这七块小板子，通过我们小手的拼搭，构成了各种形状，加深了我们对平面图形的认识，更是由此深深地爱上了数学。

　　课堂上的我们非常活跃，刘老师说："看，这个小朋友拼出了一条小鱼，它的尾巴还会动呢！"那边又响起一个女同学的声音，"刘老师，你快来看呀，我拼出了一只会飞的小鸟。"我喜欢游水的小鸭子，我和同桌一起拼出一只小鸭子。你可别小看这几块小板子，它能让你有无限的想象。

　　本来我以为数学就是加减乘除，算来算去就是那从 0 到 9 的十个数字。一年级我们就正式接触数学这门学科，为了学习数字的写法，也是费了一番功夫，好不容易才把 6 和 9 写正确了，不会再粗心地把 6 和 9 的小尾巴写反了，又常常因为粗心发生了计算错误。我都想打退堂鼓了，觉得数学好难，没有语文的故事好听，没有音乐的歌声动听，没有美术的图画好看……

　　谁能想到，数学还能有图形，这些图形在老师的悉心指导下，通过我们小朋友的积极思考和互相帮助，大家按照学号进行分组，各自的小组有各自的主意，大家的思路不同，拼出来的图形也完全不一样。这样就极大地丰富了我们对图形的感知，三角形、正方形和平行四边形一下子就生动起来、立体起来啦。

　　你以为拼完图形，七巧板的课程就结束了么？那你就太小看我们了。我们不仅拼出了自己喜爱的图形，还在刘老师和爸爸妈妈的帮助下，完成了对于七巧板的研究性报告。并且，老师还给我们安排了神秘的任务，那就是在完成报告的同时，要和爸爸妈妈一起想一个故事，在课堂上分享给大家。

　　我喜欢小鸭子，我想啊，我又不会讲故事，那怎么办呢？那我就把我读过的故事《傻鸭子欧巴儿》分享给大家吧。欧巴儿是养殖场的一只鸭子，它和我一样都不爱吃饭，所以长得特别瘦弱。刚说到这里，同学们就笑着打断了我的话，"旭旭，吃饭对你来说太难了，不是吗？"这时候，刘老师很严厉地说道："大家不要这样说旭旭，旭旭有时是因为肚子不舒服才没有好好吃饭，自从他拼好了这只可爱的鸭子，他就下定决心好好吃饭啦。"刘老师不仅成功化解了我的尴尬，还连带鼓励我，希望通过我喜爱的七巧板图形改变我的坏习惯。

　　谁说数学不好玩？数学不仅有神奇的阿拉伯数字，还能通过几块小小的图形和形状，让我们在情境和合作中体验到学习的乐趣，从"要我学"变成"我要学"。通过拼图形、写报告、讲故事，语文、数学、美术、思维、作文，多方位结合在一起，大大提升了我们学习的乐趣。七巧板真有趣！

□ 学生作品

贵阳市实验小学　二（1）班　何欣阳

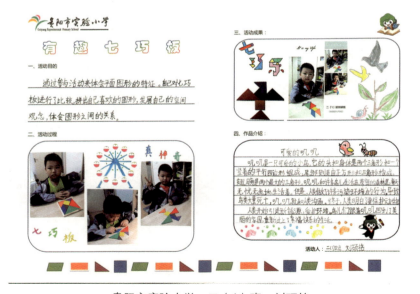

贵阳市实验小学　二（1）班　刘硕铭

贵阳市实验小学　二（1）班　彭郸予

贵阳市实验小学　二（1）班　俞梓同

贵阳市实验小学　二（5）班　陈一鸣

贵阳市实验小学　二（9）班　蔡燕霖

智慧对话　让形象向思维深处延伸

二（3）班　沈虞尘家长

中华五千年文明史，孕育出博大精深的中华传统文化，其中众所周知的就是七巧板。用5个三角形、1个正方形、1个平行四边形薄板制成一套拼板玩具，取名为"七巧板"，人们用七巧板可以摆出男女老幼、飞禽走兽、山水草木、楼台亭阁等图形，成为了当下最流行的益智玩具。

七巧板的各个形状之间不仅存在着极为严谨的数学规律，还蕴含着许多有趣的数学问题。贵阳市实验小学（以下简称实小）在孩子们二年级上学期的数学课上，对教材中的七巧板知识进行了深度挖掘和横向拓展，让孩子们在老师的指引下对七巧板有了更深刻的了解，从浅表性经验向形象化、数学化、思维化、空间化、抽象化方向进行了全方位的思维拓展。首先，老师在课上给孩子们介绍了七巧板的构成，让孩子们分别观察、分类、比较这5个三角形、1个正方形、1个平行四边形，引导孩子们有序探究七巧板中板与板、边与边之间的关系。然后，老师让孩子们通过平移和旋转，两种图形组合、三种图形组合拼叠创造出不通的拼叠方法，进而继续挖掘出三角形和正方形、平行四边形之间的大小关系。在这个过程中，孩子们可以用相同的板拼出不同的图形，也可以用不同的板拼成相同的图形；即可以用不同块数的板拼成相同的图形，还可以将拼成的图形通过"移一移""转一转"等方法改变其形状。实小教师还借助七巧板的正方形盒子，设置问题情境，层层引导、步步推进，让儿童探索用不同的图形组合拼合成正方形，从而感受七巧板的百变特点，巧妙地帮助学生感受不同图形组合后的整体和部分之间的关系，并利用集中交流讨论，引导学生有意识地观察和发现图形之间组合和替换的关系。如此层次鲜明的教学活动，让孩子们玩出了智慧、玩出了乐趣，可谓"巧生变、变生巧"！最后，老师又让孩子将课堂活动带回家，向父母讲解在课堂中对七巧板的认识与领悟，与家长一起进行"诗画结合"多样拼与"形事结合"创造拼的亲子活动，用诗、故事与父母一起领略小小七巧板从单一板块到图形拼接并延展到诗、故事、生活的过程，不但让孩子们掌握了平面图形的本质属性，还层层递进地拓展了孩子们的思维方式，让小小的七巧板"玩"出了丰富的空间观念。

本次教学活动，实小教师让孩子们通过辨一辨、分一分、数一数、拼一拼、讲一讲等教学环节，让孩子们自主地对七巧板的构成产生了清晰的认识，明晰了七巧板的奥秘，发现了七巧板图形间的不同之处和内在联系。并且通过自己对生活中的观察，构建人、物、事与板块之间的联系，拼叠出一幅幅美丽而多姿、有诗有事的图画，从而进一步提高了孩子们的观察能力、思维能力以及创造能力。

实小老师通过运用七巧板"百变"的特点，充分发挥学生创造性拼图的能力，在课上采取集体教学的形式，有别于通常的区域游戏自由操作方式的是，不是让学生用七巧板的图形任意组合拼成不同的形象，而是通过认识、分辨、拼接、设置图形与情境等模式，让学生在想办法解决问题的过程中积累关于图形的经验。例如：老师让学生将散落混杂的图形还原到正方形盒子中时，他们并非只限于用七巧板固定的模式来还原，而是尝试用不同的图形进行拼合。一方面，学生可在拼图的操作过程中充分体验图形之间的组合关系；另一方面，教师有意识地引导学生观察拼合好的图形，不断强化学生对图形之间组合替换关系的认识。这种教学方法充分利用有限的时间，聚焦核心话题，帮助学生围绕图形的核心经验进行探索，并进行有针对性、有重点地讨论和交流，让学生在解决真实问题和实际操作的过程中自然获得数学核心经验的能力，并在观察交流中不断强化。

实小老师在聚焦集体教学的基础上，还让学生自己在家与家长完成"有趣的七巧板"实践活动，充分将自主、翻转等新型教学理念融入实践活动中，使传统教学中单一地获取数学知识，扩大到使隐藏于数学基础知识和基本技能中的思想和价值外显出来的目的。本次教学活动不但营造了轻松愉快的数学课堂氛围，还提升了孩子们的观察、思维、创造等能力，让孩子们真正感受到数学知识带给他们的快乐。更加加深、丰富、提高了数学文化的传承内涵，凸显了数学创新发展的本质，拓展了传统文化传播的途径。

作为家长的我，当孩子带回"七巧板研究性学习报告"时，我内心起初是迷茫的，不知道该怎么做？后来，看着孩子有模有样地给我介绍七块模板，并且看见七块模板在她小手下不停变化图案，然后通过旋转、平移等方法拼叠出小鱼，并在小鱼周围画上海藻、水波浪等辅助图案以构成一个完整的故事情节，最后看着她自信、自豪地讲述图形间的关系，以及编述故事时神采飞扬的样子，我充分认识和感受到了这次教学活动的重要性。实小老师对教学实践活动一直都很重视。本次实践活动在教学中运用我国广为流传的古典智力玩具，让简单的 7 块不同的图形组合成不同的图案这一实践操作成为一种数学游戏，不但让孩子们易于接受，还让孩子们慢慢体会到数学中有关图形空间的核心经验，不但使孩子们的知识面得到拓展，更增加了孩子们的数学能力。

小学数学，不仅是要让孩子们获得数学知识，更重要的是通过有效的数学文化学习活动让孩子们积累活动经验，获得终身发展的必备品格和必要能力。而在实小数学的教学中，老师们从具体的教学内容出发，设计有效的教学活动，展现数学知识的发生、发展过程，使孩子在数学文化的学习中经历数学的发现和创造过程，提升了孩子们的综合能力；同时对教师的教学起到良好的促进作用，实小教师在教学中让七巧板在现代数学教学中更好地发挥了作用，让学生更好地理解和掌握数学图表教学的理论和实践知识。在激发了孩子们学习兴趣的同时，让孩子们的思维能力也得到了培养，视野得到了拓展，达到了事半功倍的教学效果。在整个小学阶段，孩子们模仿能力、学习能力、创造能力均比较强，学校的老师们在这一阶段怎样以核心素养教育作为培养学生全面发展的目标是关键。

　　实小在教学中积极采用多元化的教学方式，以循序渐进的方式培养学生的综合能力，还通过研究性学习报告等形式加强了父母与孩子的亲子关系，搭建了学生与家庭、学校的教育平台，使学校、家庭教育两种教学方式不脱节且和谐一致。实小的教学在新时期教育不断改革的背景下，加强了核心素养的教学理念，积极探索小学数学核心素养教学途径，不断深入加强核心素养的价值与内涵，为孩子们综合素养的培养奠定了良好的基础。作为家长的我，衷心希望实小能持续性地进行这些教学实践活动，以其能为孩子们以后的学习积累丰富的活动经验，为贵州培养一批批具有创新能力、动手能力的优秀人才！

二年级综合实践活动
我们身体上的"尺"

综合实践活动方案

——我们身体上的"尺"

一、指导思想

综合实践活动课程以全面提高学生的综合实践素质，开发人的潜能，使学生得到全面的、和谐的、充分的发展为宗旨。以活动为主要形式，以实践为主要环节，学生积极参与到各项活动中去，在"做""考察""实验""探究""设计""制作""想象""反思""体验"等一系列活动中，发现和解决问题，体验和感受生活，进而学习科学研究的方法，发展综合应用知识的能力。

二、活动内容

苏教版数学二年级上册第五单元《厘米和米》。

三、活动目标

1.让学生通过亲身参与课堂内外实践活动，加深对身体上"尺"的认识，进一步掌握身体上的"尺"在生活中的运用。

2.培养学生应用数学解决实际问题和进行教学交流的意识和能力，获得数学学习的积极情感。

四、活动准备

（一）学情分析

1.通过测试的形式了解孩子们掌握对我们身体上"尺"的认识和使用情况，发现同学们在选用哪种身体上的"尺"来解决还存在的问题。

（二）注意事项

量的方法要正确、量的动作要规范。

（三）活动时间地点

1.活动时间：各班自行安排（11月）。

2.汇报时间：12月中旬。

3.活动地点：教室、操场、自己的房间、喜欢的游乐场等。

五、活动流程

1.课堂上老师先让同学们清楚我们身上的"尺"有庹、拃、一脚和一步。

2.清楚身体上的"尺"有哪些后，再指导学生量出自己的一庹、一拃、一脚和一步的长度。

3.讲解用身体上的"尺"测量的正确方法，以及注意事项。

4.在老师和家长的协助下，学生运用身体上的"尺"测量生活中的问题。

5.在老师和家长的协助下，学生完成综合实践小报。

6.各班级教师在班上对这次活动进行认真总结反馈。

六、活动成效

1.这样用活动体验的形式开展对"身体尺"的运用，激发了学生对数学学习的兴趣和学习数学的信心，体会到在活动中运用"身体尺"的乐趣，发展学生量感，提高学生解决问题能力，感受数学价值。

2.从对问卷数据前后的对比来看，学生从课前认识和掌握我们"身体尺"的占比是17%，到单元学习完后提升至52%，开展"我们身上的'尺'"综合实践活动后，学生会用身体上"尺"的占比提高至90%。

3.学生在与班上其他学生的互动中，提高了与他人交流的能力，树立了学生学习数学的自信心。

4.通过开展这样集体教研的方式，让我们在不断地反思中改进，在不断改革中提高我们对课程质量的认识理解，提升了教师的课程研发和设计水平，促进了专业成长。

学以致用　躬行知事

常　艺

　　综合与实践注重学生自主参与、全过程参与，发展学生动脑、动手、动口能力，培养学生学习数学的兴趣，增强学生学习数学的信心。此外通过课堂内外数学活动的开发，促使学生在过程中体验，在体验中成长，在成长中理解，在理解中感悟，在感悟中得到长足的发展。

　　秉着"纸上得来终觉浅，绝知此事要躬行"的教育理念和有效贯彻落实《关于进一步减轻义务教育阶段学生作业负担和校外培训负担的意见》中关于"大力提升教育教学质量，确保学生在校内学足学好"的精神，按照我们学校构建的校本化"TREE"课程体系，我们数学组也构建了基于"TREE"课程下的"ATL"教学模式和"数学综合与实践"活动模式，解决新课程改革中所出现的各种具体问题为对象的实际问题，以课堂教学活动研究为主阵地深化课程改革实验，进一步促进校本教研工作规范化、常态化开展，全面推进素质教育，落实核心素养。

　　"我们身体上的'尺'"综合实

践活动有估计的意味，得到的是物体大约有多长，与实际长度有一些误差。有测量的行为，是用自己的拃长、脚长、步长、庹长去测量物体的长度，和用尺测量长度有些相似。因此，教材把一拃、一脚、一步、一庹称为身体上的"尺"。整个活动由四大环节组成，依次是：认识"身体尺"、构建"身体尺"和米尺关系、用"身体尺"量并回顾反思过程并联系生活实际应用。

本次综合与实践活动，是在学生认识了厘米和米，建立了厘米和米的表象，能够用厘米和米为单位测量和估测物体长度的基础上学习的。由于学生已经学会测量的方法，因此把测量一步和一脚的长度放在课前，课上着重让学生知道"1 米"和"身体尺"的关系，学会选择合适的"身体尺"测量周围的物体长度。培养学生初步的估测意识和估测能力，再让学生感受数学与现实生活的密切联系。

这次活动我们继续以学生实际情况为出发点，让学生通过亲身参与课堂内外实践活动，加深对身体上"尺"的认识，进一步掌握身体上的"尺"在生活中的运用；同时培养学生应用数学解决实际问题和进行教学交流的意识和能力，获得数学学习的积极情感。二年级数学教师们引领、启发自己班学生在各班教室、操场、学生自己的房间、喜欢的游乐场等生活实景中感受生活中什么时候最需要"身体尺"呢？生活中很多物体的高度、长度设计都是符合人体工学的。让学生用身体的"尺"测量家人的身高、脚长、大小洗手台高度、楼梯踏步宽度，让学生根据家人身高，设计门的高度，用脚长设计鞋的大小和设计鞋柜深度，以及橱柜灶台的高度的设计。让学生充分认知自己的"身体尺"。如除了一拃、一庹、一脚、一步外还有一指宽、一手掌宽等。真正让学生感知到数学来源于生活，应用于生活。同时让他们在观察的过程中相互提醒。在分小组测量身边物体时，通过小组合作形成集体探究的氛围，培养学生的合作精神，集中群体智慧，提高学习效率。

学生们在实践活动后还进行交流汇报。在汇报中孩子们还了解到，从古至今，从国内到国外有许多讲述了多种"身体尺"的使用和米制发展的

案例。从古埃及的腕尺、
古希腊的美男子库里修斯
两手伸开中指间的距离为
一浔、古罗马的罗马里（后
演变成英里）、查理曼大
帝的脚长为一英尺、德国
人重新定义并沿用至今的
单位英尺及中国人的布指
知寸、布手知尺、舒肘知

寻、身高为丈、百步定亩等多种多样的长度标准。到秦始皇统一度量衡，
再到法国人米制的确定和广泛使用，直到沿用至今的用光速来定义的米的
标准。从原始时代开始到现代生活中对"身体尺"的应用，这体现数学的
发展源自于人类早期的生产活动。感受到数学文化的魅力。

　　在本次活动中让学生体验运用所学知识和方法解决简单问题的过程，
获得初步的数学活动经验。二年级学生具有简单的数据分析能力，通过老
师指引，让学生观察表格、比较数据、简单分析数据，发现不同的人"身
体尺"可能相同，也可能不同，分析自己的"身体尺"哪些比较长、哪些
比较短、谁最长、谁最短，为以后学习相关数学知识打下基础。同时利用
学生已学知识和经验，让学生产生合理选择长度单位的意识。汇报时让学
生思考是用一拃测量黑板的长方便还是用一庹测量黑板的长方便。这样既
顺应了学生的需求，也提高学生的学习兴趣，提高学生的认知能力，使学
生获得了测量的经验。在实践中，学生感受1米大约有自己的7拃。既构
建了1米和"身体尺"的关系，也培养了学生的估测意识和空间观念。由
于长度单位比较抽象，学生又刚接触长度单位厘米和米，对1厘米和1米
的长度观念还比较薄弱。有时候孩子们对这一内容来说生活经验不足，因
此在估计黑板有多长时会出现黑板长27米的猜测。但通过学生自己实际测
量，验证黑板长是两庹多，一庹是1米多，两庹就是两米多，认知到自己
的估计不合理，并从测量中积累数学知识。并且当学生实际测量活动中发

现不满整拃数时，学生会初步形成估计意识：如只比 6 拃多一些，就只算 6 拃；如比 6 拃多得多，接近 7 拃，就算 7 拃的计算方法。通过实际活动让学生在操作中真正发现问题，解决问题，从而真正做到积累数学活动经验，获得数学知识。

通过我们教研组各个老师的群策群力，我们深刻挖掘教材中的情与境的因素，紧密联系学生的生活实际，从学生的已有知识和经验出发，将原来枯燥的、抽象的数学变得生动形象，学生对本次综合实践活动兴趣浓厚，在活动中学生的社会责任感、创新精神和实践能力都在不断提升。"TREE"课程——"趣"数学，让学生认识数学、亲近数学、挑战数学、玩好数学，让数学课堂充满生命力。

走近神奇的数学城堡

二（10）班　杨景添

　　从前，我一直认为数学就是 1+1=2……自从上了小学，我发现数学简直太有趣了。我的数学老师是常老师，开学第一天她告诉我们说："数学是一座大大的城堡，里面有扑朔迷离的迷宫，常老师可以带着你们化繁为简，感受曲径通幽，柳暗花明。"我一下子就被常老师迷住了，特别特别想走近这座神奇的数学城堡。

　　在这座城堡中，有间特别神秘的"屋子"，常老师总是在这间"屋子"里给我们将各种各样的故事，开展各种各样的活动，后来我知道这就是数学综合实践活动。在这里，我们"砌城堡""开商店"……本学期的综合实践活动中，我还发现了我们身体上竟然有"尺子"。

　　尺是计量长度的器具，又是长度单位名称。在远古时期没有精确的测量工具，人们便拿身体的某一部分当尺使用。我们身上有很多尺子：步伐、身高、臂长、双臂长、手指等等。具体来看，正常成年人平均食指指节宽 1cm，手掌宽 10cm，脚掌长 25—27cm，这些都可以作为测量的标准。古人量物多用手，以张开大拇指和中指两端间的距离为一拃，而一拃就是一尺。这种以手量物、以拃计量的习惯，至今民间仍然保留着。另外，古人常用人行走的步数来计算道路的里程。作为长度单位，"六尺为步，半步为武"，"步武"连称，意谓相距不远。是不是很神奇？

　　在我的身上，"一拃"就是一把尺子。先用直尺量出你一拃的长度，

如我一拃的长度为 16 厘米，再量一量课桌的长和宽，如果课桌的长为 4 拃，课桌长就为 16×4=56 厘米。

在我的身上，"一步"也是一把尺子。如我一步长 43 厘米，你上学时，数一数你走了多少步，就能算出从你家到学校有多远。走一走，算算学校的操场走一圈要几步，可以算出操场有多长，如果再测出操场的宽，那么操场有多大你也可以计算出来了哟。

在我的身上，"一庹"也是一把尺子。如我的身高是 126 厘米，把两只手伸直的长度差不多也就是 126 厘米，这叫作一庹。因为每个人两臂平伸，两手指尖之间的长度和身高大约是一样的。那么你抱住一棵大树，两手正好合拢，说明这棵树的一周的长度大约是 126 厘米。几个同学合作，还可以量出教室有多长，多宽呢。不信你就去试试。

我和我们小组的同学在教室里寻找可以用"身体尺"测量的物品，一庹一庹地丈量黑板长，一拃一拃地测量课桌长。我们走出教室，再测量书橱的高、篮球馆的长宽、春晖园的长廊，我们根据不同的物体选择合适的"身体尺"，会测量、懂验证、善合作，活动开展的不亦乐乎，校园里留下了我们小小"测量师"爱探究的身影呢！

数学来源于生活，用于生活。经过这次实践活动，我既了解自己身体上的"尺"，又能灵活选用合适的"身体尺"测量出生活中常见物体的长度，感受"身体尺"方便快捷的特点。我更加懂得了我们精妙的人体结构，蕴藏了许多的数学知识，如果我们将这些测量规律加以利用，可以在日常生活中发挥大作用。

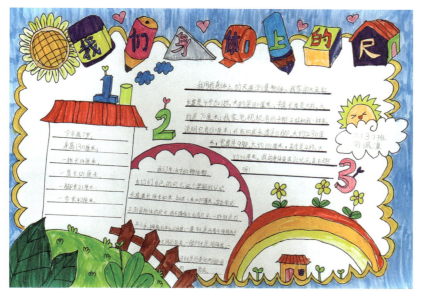

贵阳市实验小学　二（3）班　刘佩潼

贵阳市实验小学　二（1）班　刘力玮

贵阳市实验小学　二（7）班　戴斯哲

贵阳市实验小学　二（8）班　程曦晓

贵阳市实验小学　二（1）班　郭乃豪

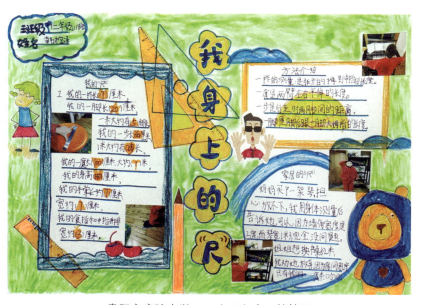

贵阳市实验小学　二（11）班　韩槟泽

身体上奇妙的"尺"

二（10）班　何一欣家长　何海涛

　　贵阳市实验小学数学研究性学习如火如荼地开始了。本次二年级数学研究性学习的主题是——我们身体上的"尺"。我的孩子何一欣就读于二（10）班，在数学常艺老师的带领下，从收集资料——讨论主题——完成研究小报——汇报展示评比，全程参与了这次活动。作为家长我们也积极配合学校的工作，按照老师的要求辅导孩子。在这个过程中，我们看到了孩子知识的增长，能力的提高，情感的升华；看到了研究性学习给学生综合素养提高带来的诸多益处；看到了老师们的辛勤付出；看到了实验小学把"生态育人"理念真正的落到实处。

一、激发孩子的兴趣，寓教于乐

　　听孩子说本次研究性学习的主题是——我们身体上的"尺"，作为家长的我顿时感到"好难啊！他们能研究懂吗？"抱着试一试的心态，我就和孩子一起开始收集资料。我慢慢明白了：本次研究目的是让数学与学生的生活联系起来，激发他们的学习兴趣和热情，让他们想去探究。感受数学不再是一门枯燥无味的学科，数学很有意思，数学好玩。于是，我就鼓励孩子按照常老师教给的方法大胆地去研究。

　　一天，孩子回来高兴地对我说："爸爸，今天的数学课特别有趣！"我接着问孩子："真的这样有趣？把这堂课讲给我听听。"孩子就绘声绘色的讲述起来，在课上老师让孩子们用他们的"身体尺"去量一些物体，孩子们可高兴了，比如说要量黑板的长，有的人说用庹，有的人说用拃，他们争得可热烈了，最后经过测量得出了结论。孩子们把他们量出的物体的长度进行了交流，每个人选用的单位都那么合适，没有出现"篮球场宽25厘米""黑板长4厘米""黄瓜长20米"之类的笑话了。一个个的小脸上洋溢着幸福，荡漾着成功的喜悦。

我感受到老师在学生充分实践的过程中，教给他们估测方法，培养他们的估测意识、合作意识和解决实际问题的能力，让他们积累丰富的活动经验。让每一位学生都能获得良好的数学教育，不同的学生都能在数学上得到不同的发展。

二、共同研究，密切亲子关系

研究性学习比学科课程更具开放性、实践性、自主性、过程性，学校、家庭、社会共同教育，才能促成学生在研究性学习中和谐发展。随着本次研究性学习的深入开展，传统家长的角色受到前所未有的挑战，家长们要理解和支持孩子的研究性学习，转变角色，注重效果，以学习者、参与者的姿态真正主动地介入孩子的研究性学习。

例如，我的孩子在家测量家具、文具、玩具等物品的长度时，我让她测一测自己身体上的一拃、一步、一庹、一脚大约长多少厘米，让孩子初步建立"身体尺"的概念和空间观念。然后让她用身体尺去测量一些物体的长度，通过测量不同物体的长度，让她意识到需要根据实际选择合适的身体尺进行测量，培养灵活应用的意识，提高解决问题的能力。

在陪同孩子研究的过程中，孩子顺利时多鼓励、表扬与提醒，不顺利时多扶持、帮助与提携，和孩子分享成功的喜悦和失

败的烦恼，这对孩子来说是非常重要的一种情感支持，也是研究性学习中家长们容易做到的事情。和孩子一次次的讨论，一次次的修改她的研究小报，我感受到孩子和我更加亲密了，父女之间的关系也更加的融洽。

三、实践"生态育人"的教育目标

当下，核心素养被置于深化课程改革、落实立德树人目标的基础地位。过去我们的教育存在"唯分数论""评价机制单一""重理论、轻实践"等情况，要促进学生生命成长，让教育回归本真，那么"育人模式、教学模式、评价机制"三方面都要做到开放和转变：从"育分"到全面"育人"，从"学科中心"到"学生中心"，从"单一"评价到"多元"评价。由此，钟校长提出了"生态育人"的理念。学校开展的研究性学习活动，正是对这一理念的实践和落实。

通过二年级"我们身体中的'尺'"研究活动，家长们能感受到"生态育人"办学理念遵循王阳明"知行合一"的教育思想和卢梭的自然主义教育思想的积极主张，关注学生的生命成长。有了深厚的根，繁茂的枝叶也生长出来了——"像山一样崇高、像水一样明亮、像花一样开放、像鸟一样飞翔、像树一样成长、像我一样真棒"（六句箴言）让"生态育人"办学理念得到了落地和拓展。山、水、花、树都是生态元素，这些元素也融入了实验小学的研究性学习之中，彰显让教育回归生命的本源，尊重学生生命的个体成长，关注学生的终身发展。

通过研究性学习，我看见了孩子的成长，也见证了自己的成长。同时，也展现了实验小学深厚的底蕴和肩负的社会责任。

三年级综合实践活动

生活中的方向

综合实践活动方案

——生活中的方向

一、指导思想

根据扎实推进"双减"工作落地见效的工作精神，探索作业设计的有效途径，确保在"双减"背景下减轻学生的课业负担，提高教学效率，进一步提升教学质量。贵阳市实验小学按照市、区教育局的相关文件要求，强化学校教育主阵地作用。三年级数学组在课堂教学中深耕细作，同时在作业设计方面追求科学合理，对作业布置进行了积极探索，力求给予每位同学动手实践、学以致用的机会。

二、活动内容

苏教版数学二年级下册第三单元《认识方向》。

三、活动目标

1. 在具体的操作中，进一步加强学生方向感，提高认识路线图的能力。

2. 参与测定方向的实践活动，能在给定的场景中或生活中利用指南针辨认八个方向。

3. 在活动中与他人合作，获得积极的情感体验，发展初步的空间观念。

四、活动准备

方向板、指南针。

五、活动过程

活动一：辨别方向

1.活动内容

学生四人一组，选定测量地点，利用指南针测定方向，并填表记录。记录完，小组两两合作，相互交换测量地点，由该测量地的小组介绍测量结果，另一组检查测量是否正确。

2.注意事项

（1）利用指南针测定方向前要先学会使用指南针。

（2）测量完第一时间记录测量结果。

3.活动目的

活动一让学生利用指南针辨别方向，通过对测定地点进行实际的测定活动，强化学生对方向的认识。学生学会使用指南针，自行利用指南针在给定地点辨别八个方向，培养了学生的方向感，发展学生的空间观念。

活动二：寻找生活中的方向

1.活动内容

学生根据自己的兴趣，在生活中寻找有关方向的场景，并拍照记录，最后进行讲解展示。

2.注意事项

（1）生活中的方向可以是道路路牌、路标、太阳升起和降落、路线图等。

（2）学生多观察身边有关方向的场景。

（3）展示时引导学生具体描述场景里有关方向的知识。

3.活动目的

活动二让学生将数学学习和生活紧密联系起来，在生活中发现和学习数学，感受数学与生活的密切联系。同时也锻炼了学生的观察和语言表达能力。

活动三：绘制平面图

1.活动内容

学生四人一组，确定地点，利用指南针确定方向，对选定地点进行仔细的观察，绘制选定地点的平面图，最后进行展示交流。

2.注意事项

（1）绘制平面图可以选择学校，小区或其他学生所熟悉的地点。

（2）绘制前先确定方向，详细了解所绘制地方的建筑物构造情况，以便平面图更加准确。

（3）平面图上的方向按照上北下南左西右东绘制。

3.活动目的

活动三绘制平面图让学生对所学知识进行升华，利用指南针辨别方向，在图上表示各建筑物的位置关系，并巩固地图上是按照上北下南左西右东绘制的，培养学生认真观察事物的良好习惯，促进空间观念的发展。

立在综合　重在实践

罗　红

　　我校于 2009 年 4 月申报确立的市级课题"小学数学实践与综合应用教学初探"（已结题），2010 年 5 月结合学校总课题数学学科确立"渗透生态理念，构建数学实践与综合应用课堂综合应用"课堂模式作为学校课题的子课题（已结题）。研究上好一节小学数学综合与实践活动课的策略，提高数学综合实践课堂教学的有效性，进一步提升学生的数学素养和教师的专业水平。

　　综合与实践作为数学课程的一个重要领域，并不是在其他领域之外增加新的知识，而是强调数学知识的现实性和整体性。我们认为综合与实践是指数学与外部世界的联系、数学内容之间的内在联系，以及数学在分析和解决问题过程中的综合应用，是指应用不同的数学知识、方法、活动经验、思维方式等解决实际问题或探索数学规律。我们以苏教版小学数学教材中的综合与实践领域为载体，着重研究小学数学综合与实践的教学，进一步探索开展小学数学综合与实践教学的有效途径与方法。

　　小学数学综合与实践是学生以体验生活、积累经验、应用知识、解决问题为主要任务的一种学习活动，具有强烈的生活性、实践性、研究性、参与性和开放性等特点。实践活动的目的是要让学生通过活动有所感悟。在数学实践活动教学中，教师不但要注意学生解决了哪些问题，得到了什么结果，还要让学生通过观察、操作、交流、分析和整理等过程，理解数

学问题的提出，数学概念的形成和数学结论的获得，逐步培养学生的参与、运用、创新意识和合作意识。小学数学综合与实践不是数学课程单独一个学科的设计考虑，而是新课程改革的总体设计中结构性变革在数学课程中的体现。

地球自转，自西向东。太阳从东方升起，从西方落下。北面的天空中，永远有一颗指路之星，叫作北极星。树叶茂盛的一边是南，稀疏的一边是北……大自然无时无刻不在用自己的方式向人类诉说着方向。生活中，我们去陌生的城市旅游，我们去公园游玩……只有认识了方向，才能随心所欲的欣赏美景，畅快淋漓的游玩。

在学生已经会用前后、上下、左右等词语描述物体的相对位置与顺序后，本学期将进一步学习如何用东、南、西、北和东南、东北、西南、西北八个方向描述物体的方向与位置，培养学生的空间观念。辨别方向是如此的重要，因此三年级本学期综合实践活动研究主题就是让同学们用最有趣的方式去辨别生活中的方向。通过研究性学习，不但让孩子们学到知识，还让孩子们到生活中用心发现，自己探索，认真体验，让孩子们能够学之以用。通过综合实践活动不但加深了对知识的印象，更注重了对孩子们综合能力的培养。

课堂上学生知道了东、南、西、北四个方向是按顺时针排列的，东和西相对，南和北相对。并组织孩子们利用指南针和自己亲手制作的方向板学会了辨认八个基本方向。培养了学生与同伴积极合作的意识，并在合作与交流的过程中获得

良好的情感体验。学习认识了方向，接下来就要到生活中去发现方向了。孩子们说干就走，利用周末和国庆假期去发现生活中的方向：道路上形形色色的路标，有的大一些指路牌是方便司机师傅们能够确认方向，保证省时省力地到达目的地。开车时，请看清楚路标所提示的方向；有的是人行道上的方向标识，帮助行人找对方向；有的是公园的示意图，帮助游人找到合理的游览路线……不管哪种形式的标识，都清楚的为人们指出了方向不会迷路。同学们还可以把自己社区周边的方位认得清清楚楚，亲自设计一张示意图，每个区域都要标明方向。让老师通过你标的方向一下就能找到你的家。

经过研究，我们进一步明确综合与实践的综合不仅仅是指知识和方法的综合，还包括在数学学习中积累的活动经验、思考问题的方式、与他人合作交流的体验等的全面综合。因此，这种综合必然要通过适当的问题解决过程实现，同时也必将有利于学生在知识技能、数学思考、问题解决、情感态度等方面的全面发展。它强调数学知识的整体性、现实性和应用性的综合。在教材中处于随机位置，兼顾学科课程和经验课程特点，本质上是一种解决问题的活动。这就要求学生能综合运用所学的数学知识解决生活中的问题，并能指把数学和其他学科知识联系起来，解决实际问题。因此不能单纯地把实践与综合应用课理解为数学活动课，应该是从学生生活经验和已有的知识背景出发，由教师自行设计和开发，向学生提供充分的从事数学活动和交流的机会，帮助他们在自主探索过程中真正理解和掌握基本的数学知识和技能、数学思想和方法，同时获得广泛的数学活动经验。

根据学生的年龄特征和心智发展水平，第一学段和第二学段主要以建立数学与生活的联系为主。数学综合实践课的教学是以数学学科为依据，注重数学学科与其他学科，学生生活、社会生活之间的整体联系，它以问题为中心，以活动为主要形式，以综合性学习内容和综合性的学习方式促进学生的综合性的发展，初步形成探索问题和解决问题的能力。引导学生学会应用所学的数学思想和方法去观察、分析、研究问题，从而明确学习数学的根本目的在于应用。养成从数学的角度考虑日常事务的习惯。

在指导学生开展数学实践活动时，要转变"老师一定要教给学生知识"的观念、要转变"学习活动应该使学生得到明确的或最好的结论"的观念，要允许对同一个问题有多种不同的解释，有多种不同的结论，有多种不同的表现形式。引导学生学会应用所学的数学思想和方法去观察、分析、研究问题，从而明确学习数学的根本目的在于应用。培养学生对数学的兴趣，树立学生学习数学的信心，养成尊重客观事实的态度和勇于创新的科学精神，养成独立思考与合作交流的习惯，获得与人合作、进行交流的技能。

综合与实践是针对我国教育弊端而设立的，教师教学时首先要确立《数学课程标准》所倡导的新的教育理念，充分发挥学生的主体性，定位在综合与实践活动是以学生为主体的解决问题的数学实践活动。教学时努力做到以下几点：

（1）合理选择综合与实践活动问题

在综合与实践活动中，问题是关键。对于选择什么样的问题，并没有统一的标准。但应以学生为基本出发点，以促进学生在数学思考、问题解决、情感态度等方面的全面发展为目标。因此，所选择的问题应能引起学生的兴趣和解决问题的强烈动机。同时，问题又应是学生通过努力能够得到解决的，学生要能体验到解决问题后的喜悦，建立运用数学的自信心。

（2）关注综合与实践中学生的表现

由于综合与实践活动更关注解决问题的过程，所以教师要关注学生在活动中的表现，这主要包括两个方面：一是学生参与活动的积极程度；二是学生在活动中所表现出来的思考水平和策略。教师应适时扮演学生的参谋、建议者、欣赏者。为学生创设好的问题环境，指出某些现象供学生观察和思考。营造一个宽松、民主的环境，激发学生自主探索的积极性，引导学生通过小组合作的方式进行研究。

（3）积极进行综合与实践过程评价

综合与实践虽然也属于数学学习内容，但在评价方面应该与其他学习内容有所不同，评价不宜以书面考试的方式来进行，通常采用过程性评价为主。评价不仅仅局限于教师对学生的评价，还可以让学生开展自评和互评，甚至可以由家长对学生进行评价。通过对学生的评价，记录学生成长的过程，关注学生的发展，丰富学生成长袋的内容。

（4）注重小学数学综合与实践活动后的反思

实际上，不仅仅是综合与实践活动，在任何内容的教学以后，教师都应进行适当的反思，回顾学生在课堂学习中的表现，以反思自己的教学行为。由于综合与实践应用是以学生为主体进行的自主探索与合作交流的活动，学生在学习中会表现出许多具有个性和创造力的地方，这些也是教师难以事先预料的。因此，课后的反思更加重要。

总之，小学数学综合与实践充满着操作、尝试、研究和争论，是学生亲自参与的丰富、生动的活动。教师要为学生提供自主提出问题、自主进行探索、自主解决问题的机会，要尽量为不同学生提供展现他们创造力的舞台。同时综合与实践活动也是展示教师创造的舞台，为教师施展自己的才能，开展教学研究提供了广阔的天地。

学会辨识方向真的很重要

三（9）班　张扬颢喆

　　认识方向并在生活中学会辨识方向是数学学习的一项重要内容。教学经验丰富的游岚老师用生动有趣的语言给我们讲述了方向的重要性，并用通俗易懂的方法教会了我们如何借用工具辨别方向。

　　清晰记得在数学课堂上，游老师最先教会我们认识指南针，学会用指南针分清东南西北。后来又教会我们在野外怎样根据树桩的年轮、树叶的茂密与稀疏状态辨别方向。夜晚的时候，还可以根据北斗星来判定方向。最后，教同学们用方向板在操场上测定方向。

　　为了让我们牢记运用工具识别方向的原理，游老师教我们做好方向板，并把同学们带到操场上，教大家现场测定方向。起初，同学测出来的方向五花八门，快下课的时候，操场上欢呼雀跃起来，因为大家在老师的反复指导下都能用工具正确地辨识方向了。我放学回到家，就迫不及待地拿出指南针测定我们家物件的方向：北面是电视机、南面是沙发、西面是厨房、东面是阳台……爷爷奶奶夸我是个聪明的孩子。

　　课间的时候，我们都喜欢讨论关于方向的话题，你在我的北面、我在你的南面、窗户在我的东面、老师从西面走进教室，操场的东边是大队部、南边是食堂、西边是学校的正大门、北边是一号教学楼。有时候我们会走出教室，带着方向板，走到学校的春晖苑，标记忠烈门、连廊、古法造纸基地、春晖亭的方向……老师夸我们是勤于动手的好孩子。

我会借助大自然的工具辨别方向。在长坡岭森林公园玩耍的时候，我尝试着用游老师教我辨别方向的知识，仔细去观察每一棵树，枝叶茂密的一方朝南、稀疏的一方朝北；在树桩上，年轮稀疏的一面是南、稠密的一面是北；抬头望天空，太阳升起来的地方是东边、太阳落下去的地方是西边……爸爸妈妈夸我是个学用结合的好孩子。

　　放假的时候，爸爸开车带着我们去山东姥姥家，途经武汉休息，出城的时候，因为爸爸没有事先搞清楚方向，导航识别也不是很精准，结果在武汉城里绕了好几圈才上高速路。妈妈就以这件事为例，提醒我和妹妹在生活中一定要细心辨识正确的方向。

　　我很小的时候就看过《南辕北辙》的故事，也深知掌握正确方向的重要性。爸爸常对我说："人只要不迷失方向，就不会迷失自己。"我似懂非懂，爸爸说："随着年龄和知识的增长，你就会完全体会其中的含义了。"方向非常重要，学校在我家的西南面，我家在学校的东北面。无论是乘坐公交车，还是走路，我都能找到去学校的路，也能找到回家的路，所以，我不会迷失方向。

　　我时刻记得游老师叮嘱我们的话，"今后不管去哪儿，不论做什么事情，都要找准方向，不要迷茫，寻找最美的人生路。"

学生作品

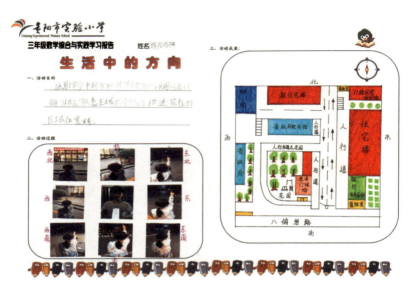

贵阳市实验小学　三（11）班　熊阳玛棋

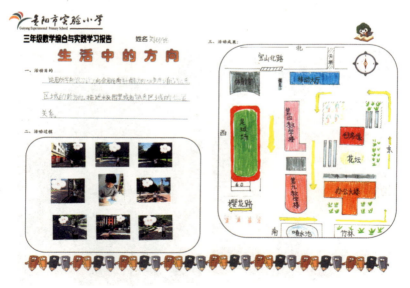

贵阳市实验小学　三（1）班　刘硕铭

｜ "趣"数学综合实践活动

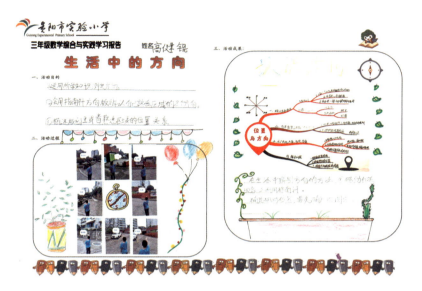

贵阳市实验小学　三（7）班　高健锟

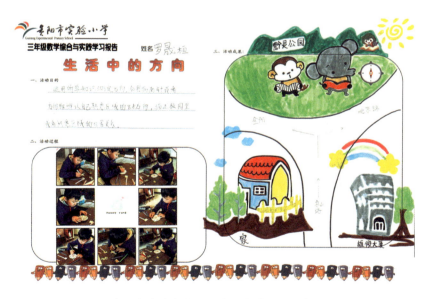

贵阳市实验小学　三（10）班　罗晟桓

贵阳市实验小学　三（6）班　熊一菡

贵阳市实验小学　三（4）班　刘思博涵

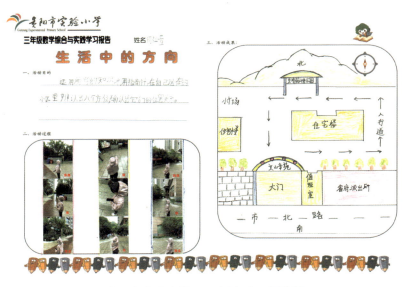

贵阳市实验小学　三（9）班　何芷萱

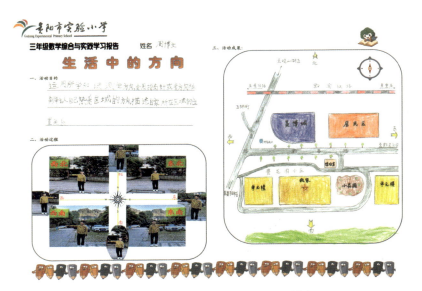

贵阳市实验小学　三（12）班　周博文

寻找生活的方向

三（7）班　尚子范家长

　　周末，我们来到贵阳市黔灵山公园，寻找露出年轮的树干。我告诉孩子："子范，你看这些树的年轮，这是树不断生长的象征。在优越的气候条件下，树木生长得好，木质部增加得多，年轮也就较宽，反之年轮就窄。但是仔细看，这一圈圈的年轮不是均匀的，这就叫偏心年轮，说明树木两边环境不同。你想，我们在北半球，阳光通常射在朝南的一面，所以，你觉得这年轮会怎么长？"尚子范开心地说："哦，我知道了，朝南的一面照得多、长得好，所以朝南的一面年轮较宽。同样，在野外的大岩石、土堆、

大树下，南面通常草木茂密，北面则易生青苔，树干潮湿，长有青苔的是北，由此可分南北。"

　　我们爬到了黔灵山最高峰，寻找辨别方向的办法。我说："子范，如果现在大自然没有什么可参考方向的东西，你怎么办？别忘了手机。上面有一个工具，叫指南针。这是我们中国古代四大发明之一，古时叫司南，比欧洲出现指南针早了 1000 多年。它的主要组成部分是一根装在轴上的磁

针，磁针在天然地磁场的作用下可以自由转动并保持在磁子午线的切线方向上，磁针的北极指向北磁极，我们就可以辨别方向了。手机上的这个工具也是模仿着做出来的。你看看，是不是很方便？"尚子范高兴地说："哈哈，是的，这是最简单的办法。"

我们下了山，坐车来到北京路与中华路交叉口。我笑着对尚子范说："子范，即使在城市的高楼中间，我们也可以通过周围景观来认方向。请你现在找找看我们所处的方位。"尚子范就在十字路口观察起来。然后突然大喊："爸爸，我看到了，在路牌上写了路名，还标出了方向，这边是南，这边是北。"我为他鼓掌，又问他："那你能把东西南北都告诉我吗？"尚子范骄傲地说："没问题，上北下南左西右东。这边是北、这边是南、这边是西、这边是东。"我说："很棒，以后走在交通的十字路口这样复杂的地方，你可以注意观察路牌，注意认路，辨别方向，就不会迷路了。"

现在，我们要去郊外寻找北极星。到了花溪高坡，我们住进了民宿。仰望星空时，我轻轻地告诉尚子范："天上的星星也可以帮助我们找到方向。我们现在需要找到一颗叫北极星的星星，它很亮，在天空的北部，离北天极很近，差不多正对着地轴，从地球北半球上看，它的位置几乎不变，所以我们可以请它来告诉我们方向。你看，就是那颗。看到了吗？它的英文名叫 Cynosure，位于小熊座小熊的尾巴尖处。在英文中，Cynosure 也有吸引中心的意思，也就是众星围绕它转动的意思。"

伴随着群星闪耀，尚子范也睡着了。

我突然想起了陶行知先生说的话："教育不通过生活是没有用的，需要生活的教育，用生活来教育，为生活而教育。为生活需要而办教育，教育与生活是分不开的。"先生的这番话，把教育与生活紧密联系起来，也道出了教育的真义。我想，这也是实验小学开展"生活中的方向"这一实践教育的目的吧。让孩子们好好学习，归根结底，应该是为了让他们有更好的生活，有更强的独立生活的能力，有更宽广的发展空间，也能为社会和他人创造更多的价值，带来更强的幸福感，而不应该仅仅只是为了一己的光鲜。那样做，无疑是把人生最重要的东西忽略了，因此，我常常更愿意看到一个勇于面对生活，又乐于参与生活的孩子，而不愿意看到一个只会读死书，却置生活中的一切人与事于不顾的孩子。

　　躺在床上，回想今天的生活教育。我觉得，确实需要大力弘扬陶行知先生"生活教育""教学做合一"的教育思想，把孩子从压抑的纯学科、纯文本中解放出来，把孩子从封闭的课堂中释放出来，把孩子从家长们安排的各类补习班中抢回来，让他们走出课堂去观察大自然的美妙，走出学校去观察社会的真实，走出家庭去体会生活的多彩。

　　生活的方向需要寻找，那么，就让一切开始吧……

三年级综合实践活动

制作年历

Jan.一月						
日	一	二	三	四	五	六
30 廿八	31 除夕					1 元旦
2 三十	3 十二月	4 初二	5 小寒	6 初四	7 初五	8 初六
9 初七	10 腊八节	11 初九	12 初十	13 十一	14 十二	15 十三
16 十四	17 十五	18 十六	19 十七	20 大寒	21 十九	22 二十
23 廿一	24 廿二	25 小年	26 廿四	27 廿五	28 廿六	29 廿七

📖 三年级

综合实践活动方案

——制作年历

一、指导思想

为进一步贯彻落实有关"双减"工作的文件精神，根据中共中央办公厅和国务院办公厅印发的《关于进一步减轻义务教育阶段学生作业负担和校外培训负担的意见》精神，基于贵州省中小学全面素质教育的根本要求，围绕学校五育并举的"TREE"课程改革实践研究，三年级数学教研组以切实减轻学生课业负担为突破口，以课堂教学改革为主阵地，帮助学生建立书本知识与现实世界相联系的学习新模式，探索国家课程校本化，尝试打破学科间的壁垒，整合学科知识，促进学生在身心健康的前提下全面发展。此次三年级综合与实践以培养学生综合运用所学知识和方法解决实际问题的能力为目标，根据不同学段学生的特点，采用主题活动和项目学习的方式，要设计情境真实的、较为复杂的问题，引导学生综合运用数学学科知识与方法解决问题。

二、活动内容

苏教版数学三年级下册第五单元《年、月、日》。

三、活动目标

1. 每人搜集一份或多份旧年历，通过自主探索和咨询，初步了解年历一般是怎样制作出来的。

2.选出自己最喜爱的年历,在班上交流一下,说说为什么喜爱这份年历。

3.学生自行准备主题年历需要的材料。课前,让学生预先准备好12张纸质较好的纸(旧挂历的背面也可),在纸上画好图画或写好诗句名言,并预留一定的空白,用铅笔画上表格(每行7格,画上6格),待上课填写日期。

4.年历的主题可让学生进行讨论后自行选择。主要有唐诗、照片秀(自己或家人照片)、宠物、山水、园林、美术作品、连环画、剪纸、现代兵器、综合类等。

5.事先根据学生的喜好,把班上学生按自由组合的方式分成4—6人一个制作小组。

四、活动准备

1.教师通过询问同学们今年过生日这一天是星期几,今年的六一儿童节是星期几,激发学生兴趣。

2.实践与活动

(1)展示欣赏收集的年历

学生展示自己收集的年历整本年历、单张年历、台历、书历等。小组同学互相欣赏。

(2)讲座观察年历的结构

教师出示当年单张年历,学生观察交流年历的结构(共12个月,每行4个月,排3行。每月按星期日、星期一、星期二——星期六的顺序,或其他的顺序排列相应的日期。并用颜色区分出休息日和重大的节日。

3.讨论制作年历的步骤

制作一个年历应有哪些步骤。让学生以小组的形式进行讨论,放手让学生自己去探索,去发现如何制作年历。

每一个小组选一位代表发表本组讨论的结果,最后面对全体学生做一个总体的总结(以1月份为例)。

师介绍制作年历的要点，明白制作明年 1 月份的月历，关键是先要知道明年 1 月 1 日是星期几，然后按顺序将 1 月份的 31 天对着相应的星期几排入表格中。现在要求我们制作一年 12 个月的月历，组成一年的年历。

五、活动过程

（一）教师提出制作要求

1. 根据自己的特长进行分工合作。

2. 设计的年历新颖、有创意。

3. 把自己知道的重要的日子标出来（如：6 月 1 日儿童节、6 月 25 日世界环境日、9 月 10 日教师节等）。

教师告诉学生明年的 1 月 1 日是星期几。教师巡视，发现问题及时点拨，并提醒学生注意明年二月是 28 天还是 29 天。

（二）展示、交流与评比

1. 展示（每个小组推荐 1 人）与交流

学生上台说说自己制作年历的过程和想法，要说出自己独到之处。对于一个同学的想法，其他同学可以发表意见和建议，并问介绍人："××建议，你能接受吗？"如果能，为什么？不能，又为什么？老师注意引导学生使用一些礼貌用语，如"首先谢谢你的建议（意见），这条建议我会接受的……""谢谢你的建议（意见），但是，我是这样想的……"

2. 说说本课的收获

（1）通过制作年历，知道年历的作用，也可以给自己用，送给朋友，送给家人。

（2）并询问学生在制作过程中还有什么疑惑，让学生带着疑问或未完成的任务离开课堂，继续进行学习和探究。

（三）运用拓展

1. 用制作的年历来了解时间、记录时间、统计出每月出生的人数等。

2. 用制作的年历推算某年某月是星期几。

在"做"中感受数学的乐趣

黄书培

　　为进一步贯彻落实有关"双减"工作的文件精神，根据中共中央办公厅和国务院办公厅印发的《关于进一步减轻义务教育阶段学生作业负担和校外培训负担的意见》精神，基于贵州省中小学全面素质教育的根本要求，围绕学校五育并举的"TREE"课程改革实践研究，我们小组以切实减轻学生课业负担为突破口，以课堂教学改革为主阵地，帮助学生建立书本知识与现实世界相联系的学习新模式，探索国家课程校本化，尝试打破学科间的壁垒，整合学科知识，促进学生在身心健康的前提下全面发展为契机，开展了以"制作年历"为主题的综合实践活动。创造交流机会，体现数学价值的一堂完美的数学课，离不开师生、生生间的互动交流。数学综合实践活动课的目的是为了发展学生的综合实践能力，培养学生的探索意识和创新能力。因此，要使学生在综合实践活动课中感受到数学的价值，实小的我们在实践活动中进行有效的延伸，拓宽学生的知识视野，引导学生把学到的数学知识延伸到生活中、延伸到社会上，体现数学从生活中来，用到课堂中去，并回归生活的理念。

　　教学是教和学的统一体，学生的学法直接得益于教师的指导。课堂教学中要教给学生科学的学习方法，让学生爱学习，自觉地去学习，最大限度的发挥学生的学习潜能。实验小学的我们潜心研究课堂标准、课堂教学、学生学习方式。精心制定高效教学策略让学生积极动脑（独立思考）、动手（自主设计解决问题的方案）、动口（合作交流），注重数学与生活实际、数学与其他学科、数学内部知识的联系和应用。课堂是"减负、增效"的主阵地，建立多维度、多元性、过程性、发展性的评价体系无疑是"增效"的最佳途径。综合实践活动不仅关注结果，更关注学生积累活动经验、展示思考过程、交流收获体会、激发创造潜能的过程。在课本上学会的知识能运用到生活中去。德国教育学家斯普朗格对教育的释义中所讲"教育不仅是唤醒对科学知识的渴望，更是唤醒对真善美的追求、对生命的感悟。"

设置综合实践活动课的目的在于培养学生发现问题、动脑思考、合理判断、解决问题的能力，在于培养学生掌握信息收集、调查、总结的方法，在于培养学生以问题解决为主的探究能力。平时的数学教学，都是教师为学生提供大量的、感性的数学学习材料，引领学生调动已有的数学知识和数学经验，在动手实践与合作交流中形成新的数学知识和数学经验。数学综合实践活动可以为学生提供亲身实践、亲历体验、自主活动的平台，通过自主探究、观察比较、合作交流等行式，把数学学习内容和学生的实践有机结合起来，进而提高学生的数学实践能力和综合运用所学知识解决实际问题的能力。

此次综合实践以培养学生综合运用所学知识和方法解决实际问题的能力为目标，根据三年级学生的特点，采用主题活动和项目学习的方式，设计情境真实的、较为复杂的年历制作问题，引导学生综合运用数学学科知识与方法解决该问题。

对于现在的孩子来说"年历"有些许的陌生感，什么叫年历？年历是什么样？为什么要制作年历？制作年历的意义？一连串的问题从孩子们的脑袋里蹦出来。面对孩子们的问题，我先让孩子们在家长的陪伴下了解收集年历的相关资料，我让学生欣赏生活中常见的年历入手，在学生鉴赏的同时，引导学生回顾和整理了有关年、月、日的相关知识，为学生的合作制作年历做了必要的准备，也让学生充分体会到了数学知识与日常生活的紧密联系，在引导学生标注特殊日的活动中，让学生知道了一些重大节假日和传统节日如：清明节、中秋节、端午节、重阳节等，同时在学生说出个性化特殊日时，对学生的爱国主义教育已在悄无声息中进行了。

在本次活动中我们让学生们每人搜集一份或多份旧年历，通过自主探索和咨询，初步了解年历一般是怎样制作出来的。再让他们选出自己最喜爱的年历，在班上交流一下，说说为什么喜爱这份年历。接着让学生自行准备主题年历需要的材料。课前，让学生预先准备好12张纸质较好的纸（旧挂历的背面也可），在纸上画好图画或写好诗句名言，并预留一定的空白，用铅笔画上表格（每行7格，画上6格），待上课填写日期。年历的主题我们让学生进行讨论后自行选择。主要有唐诗、照片秀（自己或家人照片）、宠物、山水、园林、美术作品、连环画、剪纸、现代兵器、综合类等。正式开始之前，我们根据学生的喜好，把班上学生按自由组合的方式分成4—6人一个制作小组。

在制作的过程中我们提出了思考问题：你们会自己做一个年历吗？制作一个年历应有哪些步骤？然后让学生以小组的形式进行讨论，放手让学生自己去探索，去发现如何制作年历。小组讨论后，我们还请每一个小组发表本组讨论的结果，最后面对全体学生做一个总体的总结（以1月份为例）。

经过"制作年历"的主题活动后我们让学生上台说说自己制作年历的过程和想法，说出自己独到之处。对于一个同学的想法，其他同学可以发表意见和建议，并问介绍人："×× 建议，你能接受吗？"如果能，为什么？不能，又为什么？我注意引导学生使用一些礼貌用语，如"首先谢谢你的建议，这条建议我会接受的……""谢谢你的建议，但是，我是这样想的……""谢谢你对我的鼓励，你虽然提的意见很尖锐，但是我表示理解……"还让学生说说通过这制作年历的课，你有什么收获呢？制好的年历，你准备做什么？通过制作，你有没有发现什么新的问题？你有没有什么任务没有完成吗？让学生带着疑问或未完成的任务离开课堂，继续进行学习和探究。还问了学生你们制作的年历还能做什么？让他们了解时间、记录时间、统计出每月出生的人数等。问学生知道怎么推算某年某月是星期几吗？以小组讨论、商量的形式进行集体智慧展现。让学生收集年历，展示年历，并通过学生自己的观察，了解年历的结构形式，种类，为学生自己制作年历做好准备。从生活中的实例出发，生动形象地将年历展示给学生，激发了学生的学习兴趣。

我们还通过制作年历来引导孩子们制定学习计划：今天是 6 月 25 日，我们这个学期的期末检测安排在 7 月 6 日进行，算一算，离这个学期结束还有多少天？你打算怎么安排好这段时间的学习？如何为三年级的学习画上一个圆满的句号？通过这样的教学，把课内的知识延伸到课外的学习，既引导学生学好知识的同时又对学生进行安排学习时间的教育，培养了学生良好的情感态度与价值观，也就是我们家长所希望孩子所拥有自律的好习惯。

此外我还给学生们总结出：某年某月是星期几的简单的推算方法是先算出今天与所算日期之间的相隔天数（注意期间的大月、小月），将相隔天数除以 7（一星期 7 天），把余数加上今天的星期数，就是所求日期的星期数。这样就可以做出任何一年的年历或一个月的日历。

本次活动让我们体会到，开展数学实践活动时，要转变"我一定要教给学生知识"的观念，要转变"学习活动应该使学生得到明确的或最好的结论"的观念，要允许对同一个问题有多种不同的解释，有多种不同的结论，有多种不同的表现形式。引导学生学会应用所学的数学思想和方法去观察、分析、研究问题，从而明确学习数学的根本目的在于应用。培养学生对数学的兴趣，树立学生学习数学的信心，养成尊重客观事实的态度和勇于创新的科学精神，养成独立思考与合作交流的习惯，获得与人合作、进行交流的技能。允许对同一个问题有多种不同的解释，有多种不同的结论，有多种不同的表现形式。引导学生学会应用所学的数学思想和方法去观察、分析、研究问题，从而明确学习数学的根本目的在于应用。培养学生对数学的兴趣，树立学生学习数学的信心，养成尊重客观事实的态度和勇于创新的科学精神，养成独立思考与合作交流的习惯，获得与人合作、进行交流的技能。

巧手做年历　童心玩数学

三（8）班　谢明好

年历，是我们日常生活中已经不太用到的一种物品，对我来说还有点陌生呢。什么叫年历？年历是什么样？为什么要制作年历？制作年历的意义？——当老师提出要我们自己动手制作一份年历时，一连串的问题从我的脑袋里蹦出来，面对我的问题，老师告诉我："你的想法非常棒，问题问得非常好，有了问题，接下来就要想办法解决它们。"老师给我布置了一份小作业，让爸爸陪着我在电脑上收集年历的相关资料，老师还给了我一份精美的年历，让我仔细地瞧一瞧，看一看。第二天，老师还帮助我回顾和整理了有关年、月、日的相关知识，为我和爸爸合作制作年历做了必要的准备，让我充分体会到了数学知识与日常生活的紧密联系。老师还特别提醒我标注特殊日，我因此知道了一些重大节假日和传统节日如：清明节、中秋节、端午节、重阳节等，让我知道了这些节日的意义，现在我更爱我的祖国了。

年、月、日的知识包含着许多规律，它虽然是天文知识，但与数学密不可分，并且其中奥妙无穷，我对这一部分知识非常感兴趣，老师在教学时问了我许多问题，我从中发现了许多规律。一开始我能认识年、月、日，在老师问我问题之后，我自主寻找年、月、日之间的关系，需要利用年历，而年历的形成、各月之间的联系、星期的循环等，在课本中我没找到清晰的解答，于是老师给了我一个实践的机会，让我动手制作年历，来帮我探寻年、月、日之间的关系。

　　年历主要有阳历，阴历，阴阳历三种。阳历以地球公转周期为依据，阴历以月相变化为依据，阴阳历结合两者特点。世界上最通用的是阳历，我国使用的一般是阴阳历。

　　制作年历很重要的一点就是，月历的制作，使我更加的珍惜时间，手工制作使我在极高的兴致中锻炼了自己的动手操作能力，好与坏先不说，至少我专心致志地去竭力完成，过程虽然很辛苦，但我很有成就感。

　　月历，现指一月一页的历书，古时指史官记载下一个月所要做的政事的书册。2013年7月15日，英国伯明翰大学所领导的考古团队宣称，他们在苏格兰阿伯丁郡发现了人类历史上最早的"月历"，这一古老的历史遗迹是由史前猎者于1万年前建造的。

　　阴历和月历：阴历是用月亮的周期来定月份的。月亮从没有开始慢慢的长大，变成满月，也就是圆圆的月亮，再慢慢的变小，最后再到没有，这时就叫一个月了，所以也叫月历。我国古代又把月亮叫太阴，所以便把月历称为阴历。

　　在上学期制作年历活动的过程中让我感受到：

　　一、数学知识和我们的生活息息相关，生活中无处不在。每时、每天、每月都包含着我们的数学知识。

　　二、制作年历的过程，让我懂得了要更加珍惜自己的时间，一年只有12个月，大月31天，小月30天，闰月28天，我们要合理的运用好自己的时间去完成自己该完成的事情。

　　三、知道了年历的分类：阳历、阴历、阴阳历。

　　四、学会了合理的规划，如：一个假期需要学会一个技能，一项运动，学会制作一顿美食等。

　　五、学会了耐心找规律。每周都是从周一到周日，但是有的时候我们会遇到星期几的数字和阳历的日期正好是一样的，同事还会发现阴历和阳历的日期有时候也会出现一致。通过这次制作年历的综合实践活动，我感受到自己发现问题、动脑思考、合理判断、解决问题的能力得到了很大的提升，我现在更加能够知道信息收集、调查、总结的方法，能够知道自己想问什么问题，想解决什么问题，以问题解决为主的探究能力。平时的数学学习，我也更有心得了，老师为我提供了大量的、感性的数学学习材料，引领我调动已有的数学知识和数学经验，在动手实践与合作交流中形成新的数学知识和数学经验。

总之，学好数学对于我们的生活、学习都是很重要的，它和我们息息相关，我们要懂得在生活中去发现数学，运用数学为我们人类造福。

□ 学生作品

贵阳市实验小学 三（10）班 金俊霖

贵阳市实验小学 三（1）班 汪柔伊

贵阳市实验小学　三（2）班　龙轩宇

贵阳市实验小学　三（4）班　高景行

贵阳市实验小学　三（4）班　王子宁

贵阳市实验小学　三（5）班　李海瑜

贵阳市实验小学　三（9）班　蒋明伟

贵阳市实验小学　三（9）班　赵翊涵

研"时"开花 笃行致远

三（5）班 李海瑜家长 张 晓

我想作为一位家长最希望孩子拥有的好习惯就是自律了吧。自律的孩子通常懂得时间的重要性，从而珍惜时间。那如何让三年级的孩子明白时间的重要性呢？很高兴孩子就读的贵阳市实验小学开展的三年级数学综合实践活动——制作年历。让孩子在参与实践制作的过程中体会到时间的重要性以及学科的整合式学习方式。通过这次陪伴孩子参与三年级数学综合实践活动"制作年历"，让我深刻地感受到"双减"之下孩子的学习方式更加回归教育的本真！

实践与综合应用领域是数学课程改革中新增加的内容，为学生提供了实践性、探索性和研究性学习的课程渠道。其主要价值就体现在：让课堂数学与生活数学走得更近，让每个学生充分体验到数学的应用价值；让学生动起来学数学，促进学生各方面协调发展；培养学生的问题意识、研究意识，为学生的后续发展奠定基础。

一、老师领航，学生探究

对于现在的孩子来说"年历"有些许的陌生感，什么叫年历？年历是什么样？为什么要制作年历？制作年历的意义？一连串的问题从孩子们的脑袋里蹦出来。面对孩子们的问题，老师先让孩子们在家长的陪伴下了解收集年历的相关资料，老师从让学生欣赏生活中常见的年历入手，在学生鉴赏的同时，引导学生回顾和整理了有关年、月、日的相关知识，为学生的合作制作年历做了必要的准备，也让学生充分体会到了数学知识与日常生活的紧密联系，在引导学生标注特殊日的活动中，让学生知道了一些重大节假日和传统节日如：清明节、中秋节、端午节、重阳节等，同时在学生说出个性化特殊日时，对学生的爱国主义教育已在悄无声息中进行了。

二、"制作年历"数学活动，学生受益多多

学生动手制作年历，既让学生巩固了所学的年月日知识，又进行了知识的拓宽，并与手工劳动、美术、语文等学科融合，让学生在综合化的学习中，感受到数学与生活的联系，享受到数学学习的乐趣和成功的体验——我也能制作年历！由此可见，通过这样的实践活动，学生的受益是多方面的。课堂教学是培养学生应用意识的主渠道，课外延伸是培养学生数学应用意识的必要补充。数学综合实践活动课中的许多内容并不是让学生学会一个数学知识并加以应用，而是以明确的主题来组织教学内容，使数学知识更加人性化，具有思想性、教育性和人文精神。

在陪伴孩子制作年历时，孩子就迫不及待地与我分享在学校数学综合实践课上与同学们交流的制作的设计年历的理念及方法。她说，"因为3月份有植树节，所以就在月历的周围画了一些树，提醒大家要植树造林，美化环境。""在制作10月份的月历时，10月1日是国庆节，这是一个很隆重的节日，于是我在月历上添加了烟花礼炮来表示庆祝。""我的生日是5月11日，我把这一天用红色标出来。"……孩子的想法千奇百怪但个性鲜明。这样的数学综合实践课，让孩子在倾听别人方法的同时，去体验、去感受其中设计的妙处，在倾听与思考中取长补短，找到更完美的设计方案。老师精心设计教学方案，让每个学生都有充分表现自己的机会，使他们积极参与学习、探究，进而提高自身的素养。在师生、生生互动的实践活动中感受综合运用知识的魅力，从做中学、从做中创新、从做中得到学习数学的乐趣。

三、激发兴趣，引导探究，使每个学生在活动过程中享受快乐

这堂课下课后，老师将学生制作的年历挂满了教室，让大家欣赏、交

流和评比，又把这些好消息告诉家长，我们家长也很感兴趣。孩子兴冲冲地回到家告诉我："妈妈，老师说，今年我们家不买挂历，说我的挂历制作得够水平，可以挂在家里的客厅里呢！"这对学生来说，可是最大最大的表扬和鼓励了。

让学生收集年历，展示年历，并通过学生自己的观察，了解年历的结构形式、种类，为学生自己制作年历做好准备。从生活中的实例出发，生动形象地将年历展示给学生，激发了学生的学习兴趣。

老师们还通过制作年历来引导孩子们制定学习计划，比如：今天是6月25日，我们这个学期的期末检测安排在7月6日进行，算一算，离这个学期结束还有多少天？你打算怎么安排好这段时间的学习？如何为三年级的学习画上一个圆满的句号？通过这样的教学，把课内的知识延伸到课外的学习，既引导学生学好知识的同时又对学生进行安排学习时间的教育，培养了学生良好的情感态度与价值观，以及家长们所希望孩子所拥有自律的好习惯。

制作年历这一数学实践活动，培养了学生的动手动脑能力，是现代数学教学观内涵的具体展现。通过"设疑、交流、操作、应用"的过程，教给学生思考数学的方法，促使他们参与到学习中，亲身体验、理解和建构制作年历的方法。

四、搭建实践平台，培养探究能力

我们大多数家长只重视了孩子是否赢在"起跑线"，忽视了孩子是否跑得远、跑得久。而跑得远、跑得久比起跑、抢跑重要得多。实小的老师们为孩子们精心设计多样化的学习方式，着力构建"自主、合作、探究"的高效课堂，为我们孩子的可持续学习注入了力量！

贵阳市实验小学积极践行落实"双减"要求，提高教育质量，提升学生素质，使学生学得轻松，学得愉快！

愿孩子在贵阳市实验小学这座学习的"乐园"里像鸟一样飞翔，像树一样成长！

四年级综合实践活动

我的 MindMap

□ 四年级

综合实践活动方案

—— 我的 MindMap

一、指导思想

为进一步贯彻落实有关"双减"工作的文件精神，以中共中央办公厅、国务院办公厅印发的《关于进一步减轻义务教育阶段学生作业负担和校外培训负担的意见》为准绳，贵阳市实验小学按照市、区教育局的相关文件要求，强化学校教育主阵地作用。四年级数学教研组以切实减轻学生课业负担为突破口，以课堂教学改革为主阵地，以强化创新意识、问题意识为重点，深入探索增效的策略、方法和途径，逐步建立和完善双减的长效机制，推进学区科学内涵发展，稳步提高素质教育实施水平，落实核心素养。

综合与实践以培养学生综合运用所学知识和方法解决实际问题的能力为目标，根据不同学段学生的特点，采用主题活动和项目学习的方式，要设计情境真实的、较为复杂的问题，引导学生综合运用数学学科知识与方法解决问题。

二、活动内容

苏教版数学四年级上册第八单元《垂线与平行线》。

三、活动目标

1. 思维导图是一种图形思维工具，它运用图文并重的技巧，使主题关键词与图像、颜色等建立记忆链接。制作数学思维导图能让学生对学过的知识进行回顾与整理，查漏补缺，把零散的知识系统化，让本单元知识在脑海里形成一个完整的知识体系。希望通过"我的 MindMap"综合实践活动，锻炼学生的发散思维、逻辑思维，帮助学生改进学习方法，提高对本单元知识结构的理解和掌握由此提升学习效率。

2.学生在交流过程中，体会倾听他人表达自己，培养初步的合作意识，获得积极的数学学习情感。

四、活动准备

活动前老师精心制作思维导图课件，细心为学生讲解，并提供不同思维导图作品供学生学习参考。

教学课件：

什么思维导图

思维导图要素

中心主题	中心主题是一个思维导图的起点，包含一个代表导图主题的图像，位于页面中心。
关键词	思维导图是通过带顺序标号的树状的结构来呈现一个思维过程，将放射性思考具体化的过程。
颜色	思维导图主要是借助可视化手段促进灵感的产生和创造性思维的形成。
图像	思维导图是放射性思维的表达，因此也是人类思维的自然功能。
分支线	思维导图是基于对人脑的模拟，它的整个画面正像一个人大脑的结构图，能发挥人脑整体功能。

五、活动过程

步骤一：

复习第八单元《垂线与平行线》各项知识点。

步骤二：

学生按自己的学习习惯对知识点进行分类整理。

步骤三：

在图纸上制作完成自己的思维导图。

步骤四：

小组互评，并推选出优秀作业全班汇报。

让综合实践活动绽放思维之花

杨 扬

在小学教育中，四年级正好是从低年级向高年级的过渡期，四年级的学生思想方法开始转变，他们知识增长速度明显加快，开始对自己喜欢的事物进行分析，开始从被动的学习主体向主动的学习主体转变。然而数学课堂研究的问题，常常是枯燥而深奥的，这在一定程度上减弱了学生学习数学的兴趣。特别是本学期《线段、射线、直线和角》这一单元，概念部分多、知识点抽象，学生特别容易混淆，如：认识射线、直线，角的概念、角的分类、量角、画角，平行线和垂线的画法、直线与直线间的位置关系等等，要在短时间内理解区分，还要准确无误的作图，对于学生来说还是有一定的难度。我们年级的老师们为此还专门选择了本单元的重难点课程进行教研。

可是，众多的知识点放在一块儿，就又变成了一锅粥，一会垂线和平行线的特点分不清了，一会点到直线的距离和两点之间的距离又混淆了……怎么办呢？于是我们几位老师又连忙坐下来讨论。讨论中，唐浏莹老师提出：我们可以利用思维导图来帮助孩子们理清思路啊！思维导图作为一种可视化工具，通过自主画图、读图，辅助其将知识点串联起来，形成有联系、可联想的记忆链条。老师们也说到，制作数学思维导图能让学生对学过的知识进行回顾与整理，查漏补缺，把零散的知识系统化，让本单元知识在脑海里形成一个完整的知识体系。这个主题可以作为本学期的综合实践活动，既让学生在学中做，改进了学习方法，提高对本单元知识结构的理解和掌握，提升了学习效率。也锻炼学生的发散思维、逻辑思维。还可以在师生、生生的交流汇报过程中，学会倾听他人表达自己，培养初步的合作意识，获得积极的数学学习情感。

当学生们看见五颜六色的像蜘蛛网一样，密密麻麻的思维导图时，激动的同时却都不知如何下笔。于是，12月中旬，四年级教师对各班学生进行了细致的思维导图讲解，有的学生问："画思维导图有什么作用呢？"杨老师说："它的好处可多着呢！我们知道放射性思考是人类大脑的自然思考方式，每一种进入大脑的资料，不论是感觉、记忆或是想法——包括文字、数字、符码、物、线条、颜色等，都可以成为一个思考中心，并由此中心向外发散出成千上万的关节点，每一个关节点代表与中心主题的一个连结，而每一个连结又可以成为另一个中心主题，再向外发散出关节点，呈现出放射性立体结构，而这些关节的连结可以视为你的记忆，也就是你的个人数据库哦！"

"老师，要把所有知识点全罗列上吗？那这样不是太麻烦了？"

钟老师说："在思维导图绘制中，我们只需要使用关键词，每个分支上，我们选择尽量让自己能快速复苏记忆的词汇，或短句，短句一般是对上一个分支的简略归纳描述。"

"老师，怎样才能画的更美观呢？"

唐老师说："画图时，首先将白纸横放于桌面，从中间开始写。然后中心主图像鹅蛋般大小，放在纸的中间画导图，颜色要鲜明，线条或图像的颜色根据自己的喜好来定。最后关键词字迹整洁，一条线一个关键词，文字、图片等画在线条上方，线条的长度等于文字、图片的长度，多使用配图、立体图形、符号，突出重点。"

在活动过程中，老师们对学生予以充分的指导与帮助，及时解决学生在知识点上的疏漏，辅助学生对思维导图的样式与表现手法的设计，让各学生能顺利地完成思维导图的绘制工作。

完成思维导图绘制后，各班开展思维导图的评比活动。先分小组自我评价和他人评价，评价时要求组员要客观、公正、合理。接着各小组评选出优秀作品，并进行班级 PK，上台展示并讲解自己所绘制的思维导图。汇报时，讲台上同学滔滔不绝的说着自己的绘制理念，知识点表现方式，讲台下的同学都认

真听着、仔细看着，在全班交流的过程中查漏补缺、取长补短、互相学习。

　　小学综合实践活动课作为一门应运而生的学科，必定具备一定的优势，而且在素质教育中具有不可替代的地位和作用。它的确是一门能丰富学生想象力、启发学生思维、培养学生创造发明能力的学科。而且，丰富的想象力、活跃的思维和超前的创新意识，都是其他各科所必需的。

　　作为我校的特色课程——数学综合实践活动，它的目的主要是让学生通过活动有所体验、有所感悟、有所发展、有所提高，也是为了发展学生的综合实践能力供应机会，为培育学生的探究意识和创新能力创建条件，从而使学生的学习具备着个人和社会两重意义，真正达到活学活用的境界。

数学思维导图 彰显数学魅力

四（3）班 乔辰兮

从我牙牙学语开始，妈妈就教我数数："1，2，3，4，5……"；再大一些，我知道了 1+1=2，2×2=4……我的印象里，数学就是由数字和符号组成的。随着年龄的增长，我掌握的数学知识越来越多，不仅了解了长度、重量、体积、速度，还学会了规划自己的零花钱，把数学知识运用到生活中去。这太神奇啦！

大家知道我每个学期最期待的是什么吗？相信很多同学都和我有一样的答案，当然是最期待学校的研究性学习系列活动呀！我们曾经在学校的统一组织下摆过地摊，学习自己算账；曾经去生活中找过对称图形，再找出来它的对称轴。来到四年级，我们的研究主题就更有趣了，老师说："这个学期的研究性学习，我要教大家做思维导图！大家可以先通过各种渠道了解下什么是思维导图。"同学们听了，都小声议论了起来。我想呀，大家应该和我一样，认为数学就是由 0—9 这 10 个数字以及"＋、－、×、÷、＝"这几个符号组成的，这需要什么思维导图呢？不，首先，什么才是思维导图呢？画图不是美术课的内容吗？

当天回家，我就在互联网上查找了资料。原来，人类的思维特征是放射性的，进入大脑的每一个图案、每一段文字、每一种声音、甚至是每一份感觉，都可以形成大脑的一个思维分支，呈现出放射性的立体结构。所以，思维导图就是基于对人类大脑的模拟，通过对复杂的知识进行形象梳理，从而能够更全面、更便捷、更一目了然地掌握知识。可是，这个表述对于我来说也太难理解了，四年级的我就要尝试这么难的知识研究了吗？哎，真担心自己做不好呀！

第二天一早我就向老师提出了自己的疑惑："老师，我已经上网去查了思维导图的概念，怎么每个文字我都看得懂，可是连在一起我就不明白了呢？我也在网上看到了很多图样，密密麻麻布满了整个页面，就像蜘蛛网一样，这到底是什么意思呀？"我没告诉杨老师的是，当天夜里我都梦到了好大好大的蜘蛛网，哈哈，不然她说不定会笑话我呢！

老师安慰我说："你别着急，制作思维导图之前我会跟大家说怎么画的。其实这一点也不难，通过这种方式还能巩固我们对知识的记忆和理解，提高学习效率，让枯燥的数学定理和公式变得生动有趣呢！"听了她的话，我终于睡上了安稳觉，真是好期待能够自己画图的那一天啊！

11月的一次数学课，当我们看到老师抱着一卷厚厚的白纸走进教室，我知道终于盼来了一直期待的思维导图课！杨老师问大家："同学们通过前期的了解，应该大概知道了思维导图是什么了吧？告诉大家一个秘密，以自己的想法画思维导图可比看别人的图更简单呢！"

接着，老师说："画思维导图，同学们只需要准备两样东西——笔和你的大脑。把你脑海里对知识的理解，想好了，再用笔画出来，这就是思维导图了！"大家听了，你看看我，我看看你，有的同学还闭上了眼睛，也不知道他们是不是也和我一样看到了密密麻麻的"蜘蛛网"。老师继续说了下去："大家先别着急，我要先跟大家说说制作思维导图的基本步骤和要求。我们这次的研究主题是第八单元的内容，认识角、线，以及直线之间的关系。首先，我们从一张白纸的中心开始，这个中心就是我们的主题；接着，大家复习一遍第八单元学习了哪些知识点，区分出哪些是主要知识点，哪些是细小的知识点，用一幅图把这些知识点串联起来，主要的知识点要更靠近主题，细小的知识点离主题稍远；连接每一个知识点的不是直线，而是曲线，就像我们的思维一样自由自在，并在每一段线条上写一个关键词。大家要注意，知识点的呈现要尽可能地使用图形，避免太多文字，这样会让我们的图更为生动。最后还要提醒大家，如果能够配上有趣的图案、丰富的颜色，会让你的作品更美观噢！"

听了老师的介绍，我真是豁然开朗。原来我们是要找准主题，从思维的中心延伸开来；还需要确定关键词，构成整个思维导图的主要脉络；最后将知识点转化为一幅幅小图，更直观地呈现知识点。这下我终于明白制作思维导图的来龙去脉啦！

回到家，我就开始了自己的创作。首先，我照着自己的样子画了一个小女孩，这里就是作品的主题了。"我"的左手拿着一个量角器，旁边写着关键词"认识角"；"我"的右手拿着一把三角尺，旁边写着关键词"平行线、垂直线"；最好笑的是"我"的长辫子，那里写着"认识线"。这样，我的思维导图的主要框架就搭好了。在"认识角"的主线上，我用图案的形式分别画出了"角的概念""角的表示""角的度量"以及"角的分类"；在"平行线、垂直线"的主线上，又分支出垂直和相交的概念、点到直线的距离，以及怎么使用三角尺通过直线外一点画已知直线的垂线和平行线，这些统统都是用图案来表示的呢！最后，"我"的长辫子延伸出了 3 根小辫子，分别画出了直线、射线和线段。最后就是上色阶段了，每一个大的知识点，我都专门选择同一种颜色上色，这样每一部分的知识就很清晰的区分开来了。大家喜欢我的作品吗?

通过这次思维导图的制作，我发现自己最大的收获是学会了总结关键知识点，掌握了主要知识点和小知识点间的关系。当期末备考的时候，我只要拿出自己制作的思维导图，整个单元的知识一览无余，在很短的时间里就完成了复习过程。这个方法真是既有趣又有效！我想，我还可以把这种方法运用到更多的学习中去呢，大家也来一起学习制作思维导图吧！

学生作品

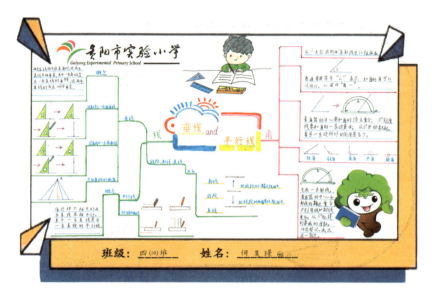

贵阳市实验小学　四（10）班　何昊璟

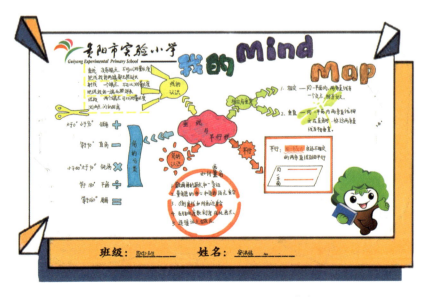

贵阳市实验小学　四（1）班　安洪纬

贵阳市实验小学　四（5）班　渠依凡

贵阳市实验小学　四（3）班　李怡铉

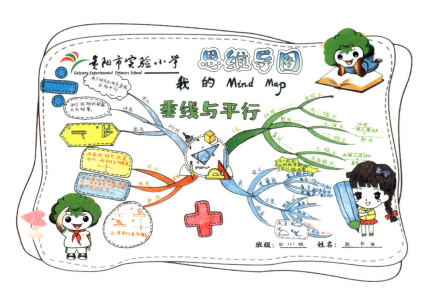

贵阳市实验小学　四（2）班　张书语

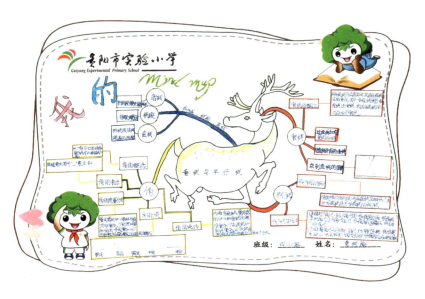

贵阳市实验小学　四（1）班　曹柯瑜

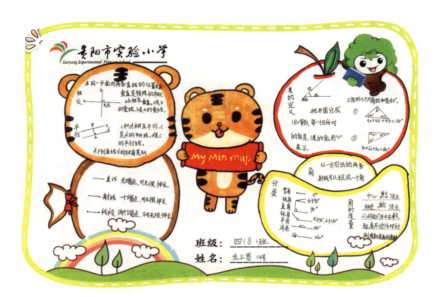

贵阳市实验小学　四（8）班　左上恩

贵阳市实验小学　四（1）班　钟定一

巧用思维导图　助力高效学习

四（1）班　罗鋈妍家长

"双减"之后，如何寓教于乐地推动孩子高效学习？身为家长，不免辗转反侧、念兹在兹。譬如数学，委实不想让孩子在正常练习之余，还要通过大量刷题来巩固所学。这学期我们四年级的数学综合实践引入了思维导图的概念，顿时觉得打开了一个新天地，最后家长和孩子都"玩"得很尽兴。

一、工欲善其事，必先利其器

（一）家长的准备

在与孩子沟通前，自己先行补课，了解思维导图到底是怎么一个"玩法"。

1. 思维导图的工具性

就像我们阅读和写作需要字典作为工具，思维导图也是一个工具，帮助我们把思考的过程以视觉化的形式呈现。通过思维导图可以有效激发孩子的联想力和逻辑思维能力，毫无障碍地展现哲学层面的许多思考方式，孩子在系统思考、辩证思考、联想思考、类比思考等方面做出的努力将有迹可循。掌握思维导图，能使一个学习者真正实现"学会学习""终身学习"。

2. 思维导图的灵活性

思维导图的制作基于大脑的自然思考方式，它赋予人的思考以最大的开放性和灵活性，而无论是传统的线性思考还是现代的非线性思考都是被包容的，特别对于表达现代非线性思考方式提供了最佳途径。它没有一定之规，没有标准模式和固定答案，能最大限度地展示制作者的思考特点和独特个性。即便是同一主题的思维导图，由于制作者思考习惯、知识结构、生活经验、工作经验的不同，最终呈现的思维导图也是多种多样的。

3.思维导图的成长性

思维导图具有高成长性。一方面，一个思维导图并不是一成不变的，它会随着制作者思考的发展而发展，随着制作者思考的提升而提升。另一方面，即便是一个高完成度的思维导图，理论上仍然具有无限的层次性。

4.思维导图的实用性

思维导图不仅仅是孩子学习数学的好帮手，对任何应用它的人都有好处，其应用的领域是非常广阔的，如做读书笔记、确立研究主题、开展问题分析、进行专题演讲、准备教案等等。

总之，通过绘制思维导图，能让孩子们把分散在各处的知识点串联起来，既能让孩子们更好地进行联想，从而进一步开阔他们的思维；又能通过思维导图的丰富色彩和图像，提升孩子们的记忆能力和思考能力，挖掘他们的思考潜力，让他们更快乐、更简单地去学数学。

（二）孩子的准备

1.学会看思维导图

教会孩子看思维导图。一张思维导图摆在孩子面前，孩子能看出该思维导图想要表达的内容，哪个是中心主题，哪些是分支等等。

2.了解思维导图的画法

孩子会看思维导图后，接下来就要了解思维导图的画法，例如绘制思维导图要用到的各种图形、分支的各种画法等等。

3.练习画思维导图

了解思维导图的画法后，可以让孩子选择自己感兴趣的主题试画，如家庭关系、日常计划等，在白纸上画好中心图形，然后再绘制二级分支、三级分支，依次发散出去，由浅入深，达到熟能生巧。一开始孩子可能画得不太好，这时候就需要家长的鼓励，让孩子坚持画下去。

比如孩子选了"动物"作为主题进行绘制，并按生活环境、哺乳方式、等级、形态、食性进行分类，沿着这五个主干，例如在生活环境"主干"下出现陆生、水生、两栖三个"分支"，在两栖"分支"下有蛙、蟾蜍、大鲵、蝾螈、吻蚓等，如果还要把蛙细分为树蛙、雨蛙等，就需要再增加一个层级。当孩子分层级画完一张思维导图，由中心主题到主干分支都逻辑清楚地呈现出来，思维导图就完成了三分之二。

二、纸上得来浅，此事要躬行

进入《垂线与平行线》单元的学习后，我和孩子积极准备，开始了我们的思维导图之旅。

第一步，储备知识。配合老师的课程进度，有意识地与孩子一起观察、讨论生活中平行与垂直的现象，通过现实生活中的物品初步感悟"同一平面"和"永不相交"的含义，进一步理解"互相平行""互相垂直"的概念，强化孩子的空间观念和抽象概括能力。

第二步，画中心图。中心图是我们整张思维导图视觉化的开始，把主题翻译成中心图时，不一定要很艺术的表达，哪怕是简单的符号或简笔画，只要能够很好地表达主题，就是一个非常棒的中心图。分享的时候会更有吸引力，也有助于强化整张图的记忆点。"平行与垂直"作为我们这次思维导图的主题，被孩子设计为大树的主干。

第三步，用线条把整个逻辑呈现出来。整张思维导图有几个类别，就有几个主干，一般不超过七个，因为我们的记忆点或者阅读的最大量在七个及以下。主干是通过线条来呈现的，这些线条会把我们的思考过程可视化、图像化地表达出来。所谓线条引导逻辑，我们所有归纳、演绎、分类、系统、全局的逻辑都是通过线条呈现出来的。

经过"动物"等主题的练习，孩子处理"平行与垂直"主题时已经比较老练了，这时候我就放手让她去做，鼓励她把自己的思考落到纸上，家长不越俎代庖，更不强加于人。等她完成初稿后，再与她一起讨论，适时提出："哎呀妹妹，你这棵树有'平行'和'相交'两个主干，像不像一个'丫'字？有点可爱喔。我们是不是在认识了直线和角的基础上，才来界定平行和垂直的概念？那我们的导图把直线、射线、线段和角这些做进去，你画的这棵树是不是就更加枝繁叶茂了？"孩子也吸纳了家长的意见，兴致勃勃地进一步完善草图，增加了"线"和"角"两个主干，成品出来以后她很有成就感，因为整个过程都体现了她的自主性和能动性。

第四步，让整张思维导图做到图文并茂。把我们思维导图的线条以关键词呈现出来，这个优化过程非常重要。如果每个分支、线条都写得冗长具体，那这张思维导图跟照搬原文没有区别，但所有分支的文字都以关键词呈现出来，整张图就显得简洁高效，我们的记忆或者阅读就会非常轻松。

同时，让孩子为各个重点配上小插图，比如一个笑脸、心形、三角形或简笔画，让整张思维导图更有创意，记忆点更好。孩子亲手绘制一张精美的思维导图，一般画完后里面的内容就已经记住了百分之七十，只需要再回顾两到三次，孩子就可以很全面很系统地掌握它了。

第五步，反思和总结。画完思维导图后，可以让孩子对自己绘制的图进行评估反馈，看看自己画的图符合老师概括的要点吗？如果不符合，找到自己的不足然后记下来，再对成图予以完善。

综上所述，在数学的研究性学习中，思维导图是一个既有趣又有效的工具。我会保存好孩子每一次制作的思维导图，等她升到五年级、六年级以后再来翻看，或许她又会有不一样的感悟。

五年级综合实践活动

"减"中求"佳"巧设计
我的作业我做主

□ **五年级**

综合实践活动方案

——"减"中求"佳"巧设计　我的作业我做主

一、指导思想

作业原本是教师学校日常教学中的"小事"，但随着一系列国家政策的出台，作业问题成为了国家和社会关注的大事。作业是学校教育教学管理工作的重要环节，是课堂教学活动的必要补充。如何立足"作业"，深化小学数学课程改革，充分发挥学校教育的主体作用，助力学生健康全面发展，是广大教师需要思考的新问题。

随着"双减"政策相继出台，"双减"背景下的作业管理，成为受老师和家长关注的重要话题。作业的功能是育人，而不是育分。在作业设计中，教师心中是否有"人"的观念，是否有"良心"，是一个核心评判标准。教育要回归到"人"，作业也必须要回归到"人"，指向学生综合素养提升，指向学生的全面发展。

结合本学期"双减"工作，我们五年级数学教研组拟定今年的数学综合实践活动主题为"减中求佳巧设计，我的作业我做主"。给学生自我做主的机会，自我省视的机会，自我约束的机会与自我发展的机会。

二、课程实施措施

1. 准备阶段

分析学情，确立主题，设计方案。

2.对学生进行实践操作等方面的培训

3.实施阶段

（1）分班级组按计划组织开展综合实践活动，记录活动过程，建立综合实践活动过程档案，收集记录学生过程性学习资料。

（2）定期召开各班级老师碰头会，对活动进行交流、探讨，对案例进行反思和评价。

（3）开展学生交流、指导活动。

（4）指导学生将学习收获以小报形式呈现。

4.成果展示阶段

（1）积累资料，创造性地编写综合实践活动案例。

（2）举行综合实践活动案例成果展示。

（3）对本学期综合实践活动课程实施进行反思和总结，以进一步提高质量、完善机制，促进综合实践活动走上可持续发展之路。

三、课程评价

1.评价理念

综合实践活动课程评价的目的是为了激发学生对本课程学习的兴趣和积极性。评价应以主体性、过程性、形成性和发展性评价为主，它应根据学生在综合实践活动中取得的成果和表现状况，对其优点、学习态度和进步情况进行多样性地评价。坚持量化与质性相结合的评价方式，采用"自我参照"标准，引导学生对自己在综合实践活动中的各种表现进行"自我反思性评价"。强调师生之间、学生同伴之间对彼此的个性化表现进行评定、鉴赏。

2.对学生的评价

采用：成果汇报式、作品评价式、展示与交流式。

3.对教师的评价

侧重于对教师在综合实践活动中组织、规划、管理、指导并方面的能力和实效。

四、活动收获

在新形势下，我们五年级教研组对原有作业形式进行调整，有效减轻了学生作业压力，设计出了真正符合学生学情的作业。同时应该对原有的课堂形式进行调整。前置性作业的预设，有效促使孩子们带着自己的需求主动参与课堂学习，有效提升孩子学习的主动性。

分层作业的选择既尊重了学有困难的孩子的实际情况，也满足了学有余力孩子的客观需求。

趣味性作业的设计，帮助孩子们在实际生活中学以致用：电梯间里的正负数；校园环境设计的巧安排；庙会实践后的收支账目等。孩子学习到的知识在生活中有效帮助他们解决了遇到的问题。数学是有用的，深入孩子心田。

思维导图帮助孩子们有效把日常点点滴滴的知识珍珠串成了一条条精美无比的项链，帮助孩子们脑海中建构了一个个数学的模型，为孩子终身学习与成长奠定了牢固的基础。

课外的阅读拓展，一个个科学家在故事的引领下来到孩子们身边，亲切的陪伴孩子们开拓视野，树立榜样，为孩子们的成长立下小小的志愿……

"双减"的目标不仅是减负，从作业的"简"中得到"佳"的成效才是我们的目标。我们五年级数学教师在作业设计方面做到量上精选、质上甄选、式上趣选，让学生增长见识、开阔视野、提高能力，成就了学生的全面发展。

在作业设计上我们用足心思，力求给每位同学动手实践、学以致用的机会，让作业能"起"于生活，"启"迪思维，"奇"思妙想，焕发出灵动之美，真正达到"创新减负、快乐学习"。

为此，今年我们尊重学生的发展，引领学生用自己喜欢的方式学习数学，布置自己喜爱的数学作业进行练习，结合自我的需要用自己喜欢的方式完善自我的发展。

为满足学生多元化的需求，节约出来的时间，学校在课后服务中开展了个性化的课程，包括篮球、健美操、英语、蜡染、人工智能、3D 打印、日语、足球、绘画等。孩子们根据自己的兴趣选择课程，激发学生兴趣爱好，注重学生个性发展。孩子们身上的负担轻了，脸上的笑容更灿烂了，充分的睡眠时间也得到保证了，这让他们第二天有充沛的精力学习文化知识。

　　教育从来都不是"快"的填充，而是"慢"的艺术。我们五年级全体数学教师将会继续乘着"双减"的东风，在学校"TREE"课程引领下用心、用力、用爱成就有温度的教育。

"双减"进行时，一线教师有话说

李 璐

去年，"内卷"一词在网络上火起来了，"内卷"存在于各行各业。作为一名教师，我的关注重点是学生的"内卷"，一部分是家长要求孩子不能输在起跑线上，另一部分是学生自己的竞争与攀比，于是他们参加各种补习班，甚至部分成绩较好的同学依然参加各科的补习，在完成学校老师布置的作业后再买资料继续做题，自由的时间被大量占用。我们培养孩子的最终目的是希望他能够独立，并发挥所长，因此，孩子们首先应该有强健的体魄，蓬勃向上的精神状态，还有处理各种事情的能力，在此基础上愿意研究喜欢的事情，有自己的想法，和其他人一起共事，创造属于自己的奇迹。

"双减"政策的实施给学生们留有更多的时间和空间，以往小学生四点多放学，带着大量作业回家奋战，阵地还可能再次转到补习班。如今，学生们作业少了，德智体美劳全面发展的空间更多了。我们学校在课后服务中开展了个性化课程，包括篮球、健美操、英语、蜡染、人工智能、3D打印、日语、足球、绘画……孩子们根据自己的兴趣选择课程，激发学生兴趣爱好，注重学生个性发展。孩子们身上的负担轻了，脸上的笑容更灿烂了，充分的睡眠时间也保证了他们第二天有充沛的精力学习文化知识。随着"双减"政策出台，许多家长、学生、老师都在积极改变，逐渐适应"校内要学好，校外要玩好"的新常态，让孩子有更多时间锻炼体魄、观察自然、了解家国，从社会这本"无字书"中汲取营养、增长才干。教育从来都不是"快"的填充，而是"慢"的艺术。"减"字背后，人生有"增"量。

　　"双减"政策的出台给学生减轻负担，更好促进学生全面发展，也给教师带来新的挑战。孩子们减负，教师并没有减负，每一位教师在"双减"政策推出以后，都认识到自己的责任，着眼点和教学重点也从课本内容的传授转移到对人的培育上来。这要求所有教师充分做好备课工作，提高课堂教学效率，注重学生全面发展。"双减"背景下给教师们留出更多的德育空间，为充分利用好课后服务时间，我校经常开展各项德育活动，比如"认认真真写字，堂堂正正做人"汉字书写大赛，将语文学科思维与德育工作结合起来。为加强班级文化建设，我在班里建立图书角，利用课后服务时间带领同学们共同阅读。还在课后服务时间号召同学们积极设计班徽、班名、班训，增强同学们的集体荣誉感和班级文化建设的参与感。课后服务时间虽然只有两个小时，但是同学们过得开心又有意义！孩子每天更快乐，家长也不用再提前下班接孩子，晚上家里写作业"鸡飞狗跳"的局面转向"母慈子孝"，到了周末，孩子不用再去上各种补习班，家长也不再焦虑"内卷"下的孩子输在起跑线上了，亲子相处时间更多。"双减"之下，给孩子们带来更多个性化发展的机会，及时纠正了家长的焦虑，也给老师带来更多的德育空间。可谓五育并举促进学生全面发展，家校协同共育学生美好未来！

大操场里的数学秘密是何?

五（5）班　王崇芝

　　"数学不可比拟的永久性和万能性及它对时间和文化背景的独立性是其本质"，这句话出自著名数学家埃博。的确如此啊！无论你在什么时间、什么场合，数学都可以让你更准确真实地感受生活、明白生活。学校这个学期给我们的综合实践活动的主题就是研究生活中的数学问题，旨在让同学们明白"数学无时无处不在"的这个道理。虽不限题目，却要与生活紧密结合。这是一份对学生校内数学学习的考察，也是一份考验学生融会贯通及灵活运用知识能力的测试。

　　我在与妈妈商量题目时，一开始迟迟不能确定，生活中可以发现的数学问题太多了。后来，妈妈为我点明了方向："你不是对田径很感兴趣吗？要不然就去研究大操场的数学问题吧！"这一言让我拨云见日，我就笑着连声答应了。经过反复思考，我最终确定研究的题目就是现在看到的"大操场里的数学秘密是何！"

　　一份合格的综合实践报告，最首要就是要让读者一目了然。适量的文字配上少量图片，可以方便读者理解。但是我的研究主题是大操场，一个大操场可不是少量图片，它一上报告，"占地面积"巨大，哪里还有地方让我用文字研究数学问题？我再三考虑，决定充分利用操场周边和操场腹地来写文字内容。比如，把前言写在中间的球场，就是个不错的选择。

　　整个报告的排版安排想好，接下来就是寻找最标准的操场尺寸。我上网选了 400 米标准田径场，鲜艳的红色跑道配绿茵茵的中间球场，看着都想上去跑一圈。

终于，开始正式研究大操场的数学问题了。

第一个问题：为什么直道那么长？两边的弯道合在一起并不是一个正圆形呢？我上网查了半天，没找到什么说法。我猜，两边长长的直道应该是为了让运动员奔跑出最快的速度，而弧形弯道就只能拐急一点，也就组不成正圆了。

第二个问题：大操场的周边是不变的，那么面积是多少呢？我们来看，操场的形状大致是一个有点扁平的椭圆形，怎么分割呢？我准备了两个思路：第一个就是逐个加起来的方法，将其分为一个小长方形（足球场部位）和两个大三角形（两处弯道），再将它们加在一起。由此求出总面积。但我很快就看出了不足之处——这样一来，每边就会有半个弯道在分割中被无情省去，加起来足足有一整个弯道的误差，这样太不精确了。第二个方法呢，则是通过用操场的最长值乘最宽值，由此得出一个大长方形，再减去多余的四个小三角形，最终得出总面积。这个方法不仅省下了大把时间，还比上个方案的误差小。可谓一举两得！终于，计算方案一锤定音。

有了方案后，就要将它付诸实际。先求总面积吧：176.91 乘 92.52 约等于 16368 平方米，接下来就是求小三角形的面积了：92.52 除以 2 约等于 46 平方米，再根据三角形的面积公式列出 46 乘 46 的积除以 2 等于 1058，1058 乘 4 等于 4232。最后用 16368 减去 4232 得到 12136 平方米，与真实面积差距不大。

"减中求佳巧设计，我的作业我做主。"这次综合实践活动不仅是一次探究新知的活动，更是一次数学与日常生活的美妙结合！

我们学校一直特别推崇陶行知先生"生活既教育"的育人理念，这样的数学研究和生活息息相关，让我对自己喜欢的运动场一下子充满了探究，整个研究过程我感觉有趣极了！研究让我对生活中事物的物理尺寸有了了解，还让我尝试去发现问题背后的原因或是逻辑。在学习中思考，在思考中成长，我们正像校歌中唱的那样，自由而快乐的成长！

贵阳市实验小学 五（1）班 杨之画

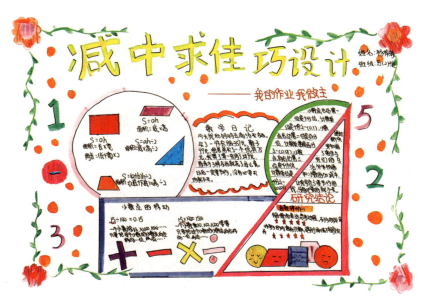

贵阳市实验小学 五（2）班 杨梓濛

贵阳市实验小学　五（3）班　王腾纬

贵阳市实验小学　五（4）班　陈科辛

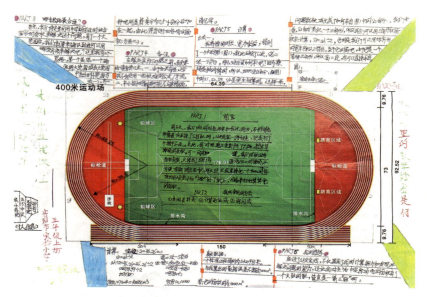

贵阳市实验小学　五（5）班　王崇芝

贵阳市实验小学　五（6）班　刘婧婷

贵阳市实验小学　五（9）班　贾睿哲

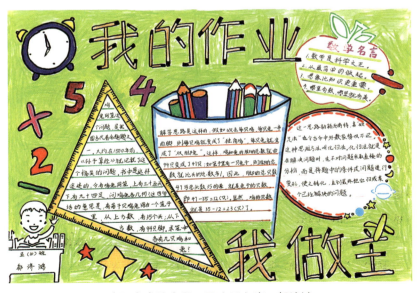

贵阳市实验小学　五（10）班　邬济鸿

张扬学生个性的作业设计

五（10）班　王钰洁家长

　　校外各种名目的培训班，都需要资金的支持，看着其他孩子们都报了辅导班，自己的孩子不报，怕跟不上。迫于压力，只能自己省一些，不能苦了孩子。再有，周末、寒暑假，孩子上辅导课，不论天气如何，刮风下雨、酷暑难耐，家长都需要接送孩子上下辅导班。大家现在普遍的感受是：现如今培养一个孩子太贵了，一年花几万元上辅导班都是正常的，有的甚至更多。也有一些家长表示担忧，虽说政策出来了，但是中考和高考还是要看成绩，培训机构依然有市场需求。不能在线下开培训班了，会不会转到线上或者是一对一的教学。我们都知道，线上教学的质量和面对面还是有差别的，孩子的注意力、自控力，都对线上教学质量有直接影响。而且，一对一的私教课程，学费比大班课要高很多，无疑加重了家长的负担。另外，如果培训机构从"地上"转到"地下"，家长们还要四处去打听。这个假期已经有多个在家中开班的辅导老师被举报，也证实了家长们担忧的种种问题。

　　已经习惯了上校外辅导班的孩子们接下来如何安排时间，不虚度；家长们自由的时间相对少了，如何安排时间陪伴和辅导孩子。这些都需要一个适应的过程。

　　"双减"政策的推出，无疑是对教育培训机构的一次重拳打击，很多培训机构寻求转型，也有一些在观望。

我觉得"双减"对大多数家庭来说确实是解脱，现在教育"内卷"太厉害了。就拿我女儿来说，在她三年级的时候，我们全家就很焦虑了，因为听很多过来人聊小升初前的准备，他们说要想读比较好的初中，奥数和各种杯赛成绩是标配。我们也尝试着让女儿去学奥数，可是她真的不感兴趣，我们为孩子简历上没几个拿得出手的数学杯赛成绩苦恼和焦虑了很长一段时间。我女儿不是那种有数学天赋的孩子，但她贵在勤奋和要强，会为了自己定下的目标努力奋斗。说实话，看到孩子学奥数很辛苦，我们家长风雨无阻地接送也很辛苦，我曾无数次想放弃，但最后为了小升初，大家都咬牙坚持了。

　　我认为自己的孩子比较幸运，正好赶上了"双减"政策，我觉得"双减"对于我家这样的孩子来说是一种解脱。现在学校能够多维度评价孩子，而不只是用分数来衡量。

　　学校作业布置形式多样化，采用分层作业和素养作业等多种形式。素养作业包括绘制手抄报、制作思维导图和录制小视频等。作业布置时，不再只布置单调的书面作业，而是增加更多的实践性、操作性等体验类作业。各种体验类作业形式不仅是孩子所喜爱的，而且还可以激发孩子学习兴趣。

　　作为家长，在望子成龙的同时，更希望孩子快乐健康的成长，当今社会，我们也是使出浑身解数在工作生存、在教育孩子、在想办法改善生活，往往也是心力交瘁。所以，没有更多的时间陪孩子，不能及时的辅导孩子作业。过去，陪伴孩子最多的时光是在往返各种辅导班的路上，一路的奔波错过了与孩子们交流的时光，在每天都在"快点"的催促中渐行渐远。

　　而"双减"政策之后，陪伴孩子的时间增多，每天晚饭后我们利用散步时间和孩子谈心，了解学校里发生的事情，及时掌握孩子的思想动态，帮助她学会正确处理生活中遇到的问题。现在可以多陪孩子学习、参加户外活动，参加一些公益活动及做一些有意义的事情，使孩子在学习的同时，早点认识社会，早点树立自己的人生观、价值观、世界观，热爱生活、热爱祖国，充满热情与正能量，长大后，成为一个对社会有贡献的人。

　　想要做到让孩子真正成长、真正优秀，做到真正的减负，就需要做到让孩子自发学习，而不是一直被推着赶着学习。现在学校布置的作业孩子们都很感兴趣，从孩子兴趣出发，自我驱动下去高效学习。让孩子成为身心健康、全面发展和面向未来的人，让教育回归本真。

其次，纵观古今中外，很多对人类进步与发展做出重大贡献的科技人员、文学巨匠等，都有一个特点，就是有充足的时间去思考、去实践，甚至离经叛道，做着常人无法理解的事情，并不是我们口中说的"乖宝宝"。所以，双减政策能够实施，就会释放孩子天性，不同程度的激发孩子的潜能，让孩子在正常的学习时间外，发现自己特长，扬长避短，让孩子在爱好与兴趣的影响下，愉快的学习，健康的成长。

运动对孩子的身心健康影响很大，对孩子的学习也至关重要。周末，我们会带孩子在小区晨跑，通过坚持不懈的体育锻炼，孩子的体能和体质也得到了显著提高。为了让孩子知道什么是体育精神，在北京冬季奥运会期间，凡是有中国运动员的比赛，我们几乎都会陪孩子观看，想让孩子通过奥运比赛，了解每一个运动员背后艰辛的付出，让孩子知道什么是奥运精神，什么是中国精神，同时也希望孩子能以奥运健儿们为榜样，为自己的梦想而努力。

当然，对于双减政策的实施，作为家长，也不能盲目的说好，一味地迎合，毕竟，知识都是积累起来的，特别像语文、英文等功课都需要博闻强记的，这就需要教育部门及学校在正常的学习时间内，不断地改进教学方案，想办法培养孩子的学习兴趣，阅读能力，这项工作任重而道远，需要学校及我们家长共同努力。

孩子的学习成长是一条很长的路，家庭教育也是一个艰辛而漫长的过程，我们要借"双减"政策的东风，在学业压力大幅减轻的情况下，帮助孩子养成良好的学习习惯和主动学习的能力，孩子必将走得更远、更高。

六年级综合实践活动

百变数学大咖秀

综合实践活动方案

——百变数学大咖秀

一、指导思想

综合实践活动是义务教育阶段国家规定的必修课程，是国家新一轮基础教育课程改革开设的新型课程。它是有目的、有计划、有组织地通过多种活动项目，丰富的活动内容，灵活多变的活动方式，使学生接触自然、社会，综合运用所学过的知识，开展以学生为主体，以实践性、自主性、创造性、趣味性以及非学科性为主要特征的多种活动。通过活动使学生拓宽视野，增长知识，培养能力，发展个性，生动、活泼、主动地得到全面和谐的发展。

二、实施目标

（一）总体目标

综合实践活动的开展，旨在让学生获得亲身参与实践的积极体验与丰富经验，加深对所学知识与自身内在联系的整体认识。培养他们对数学文化的关爱和对社会对自身的责任，形成从自己的周围生活中主动地发现问题并独立解决问题的态度和能力，发展他们的实践能力和对知识的综合运用和创新能力，养成合作、分享积极进取等良好的个性品质。

（二）具体目标

1.丰富课余生活，增加对数学名人的认识，了解数学名人的小故事，欣赏数学的美好，发展对生活的热爱情怀。

2. 获得亲身参与实践的积极体验与丰富经验，养成合作、分享、积极进取等良好的个性品质。

3. 形成从自己的周围生活中主动地发现问题并独立解决问题的态度和能力。

4. 发展实践能力，发展对知识的综合运用和创新能力。

三、实施方案

1. 利用开学初时间，集体学习课标，领会新课改理念。

2. 集体讨论数学实践主题设定的可行性，制定主题研究方案。

3. 随时根据活动的开展情况更改活动计划、提出活动过程中的问题，集体找出问题的解决方法。

4. 活动期间以问题和项目为中心，结合学生特点、学校特点、地域特色，将多学科知识整合，将个人与社会整合。

5. 教学过程中面向全体，使每一名的学生的积极主动性得到充分发挥。

6. 在探究过程中，培养学生提出问题、分析问题、解决问题的能力；提高搜集、整理、运用信息的能力；在活动开展中锻炼学生的与人交往的能

力、社会实践的能力、抗受挫折的能力；发展学生终身学习的能力。

四、实施过程

1. 明确活动主题：9月份根据学生的实际情况，选定"数学名人Cosplay综合实践活动"为本次的活动主题。

2.制定活动计划、方案：9月根据活动主题，认真制定好计划，对于每次活动都要制定翔实的活动方案，明确目的、内容、方法、步骤、注意事项及预期成果等，做到活动前心中有数。

3.组织活动：9—11月教师要根据计划和方案，与学生一起亲历实践并给予学生及时恰当指导以解决实际困难，并注意生成性专题以完善活动内涵。

4.总结反思：12月帮助学生及时进行活动总结，积累经验，弥补不足，提出建议，展示成果。让每一个学生都能在此次活动中有所收获及感悟。在我们创意重温经典的活动中，发展学生综合能力，达到让学生热爱数学，热爱生活的目的。

乐孩子所乐，玩孩子所玩

黄 悦

　　数学活动在你的脑海中是否还只是枯燥无味的课堂教学？如果是这样，不妨了解一下我们六年级数学综合实践活动"百变数学大咖秀"，或许会让你有不一样的感受。

　　"大家好！你们认识莱昂哈德·欧拉吗？他可是 18 世纪数学界最杰出的人物之一，他不但为数学界作出贡献，更把整个数学推至物理的领域……""大家好，我叫高斯，我在哥廷根大学很有名，我最出名的一个故事是……""鄙人正是祖冲之，字文远，由于我不仅在数学基础研究上有伟大贡献，而且在天文和机械等应用领域也有卓越创新，因此由我的名字命名的'祖冲之奖'将面向全球，奖励在 AI 基础研究和应用创新的杰出成果……""大家好，我就是大家常说的勾股定理的创始人——毕达哥拉斯，今天我就来跟大家讲一讲我是怎么发现勾股定理的，有一天……"孩子们将自己装扮成一个个伟大的数学家，用诙谐幽默、有感染力的语言，声情并茂地在台上讲述了自己心中最爱的数学家故事，数学家陈景润在攻克哥德巴赫猜想艰辛历程中的坚守、执着、奉献；数学王子高斯，天赋与勤奋并存；自学成才的华罗庚，青云直上、成才有为后，不忘热血报国；喜闻乐见的阿基米德小故事，告诫我们锲而不舍精神的重要性。数学家们在物质资源匮乏的年代，通过一次次尝试，用持之以恒的精神研究出我们现在所用的勾股定理、圆周率、筹算，是多么值得钦佩。每一次汇报都带领同学们了解数学家的学习态度和钻研精神。

数学是一门充满魅力的学科，它需要沉静的大脑，活跃的思维，周到的分析。而我们身边就有许多充满智慧的数学家们，正是因为他们让数学焕发光彩。本学期，我校六年级以数学综合实践研究性学习为载体，以"百变数学大咖秀"为活动主题，让学生与国内外数学家亲密接触，了解数学史，了解数学家的事迹，学习数学家的精神，激发学生学习数学的积极性，让学生感受数学的趣味与神奇，了解数学丰富的内涵和文化底蕴。

传统的教育理念和模式存在"唯分数论""评价机制单一""重理论、轻实践"等情况。这就导致老师的教学，不太注重把数学知识与学生熟知的现实生活联系起来，学生接触的是停留在一张张白纸上的数学。而数的计算、几何图形、统计等知识都是按照各自的知识体系，呈直线式的结构发展，学生感受不到它们之间相互的联系。形象地说，学生眼中的数学知识就像是一条条相互平行的直线，它们没有交点，形成不了完整的、牢固的结构。正是因为这样，造成了许多学生"强于基础、弱于应用，强于答卷、弱于动手，强于考试、弱于创造"的局面。

教育是什么？教育是提高国民素质、促进人全面发展的根本途径，着眼于学生核心素养的全面发展、长远发展，培养德智体美劳全面发展的社会主义建设者和接班人，这不仅是全国教育大会提出的育人目标，也是在新时期培养有理想、有本领、有担当的全面发展的人的教育追求。我们秉持着"让每个孩子都能成为有用之才"的教育初衷，真切感受到：真正提升学生的核心素养，有效落实立德树人的教育应该回归本真、回归常识、回归生活。我校数学老师根据《课程标准》的要求，结合本校实际情况，潜心探索，逐步实现了学校提出的"综合实践研究性学习"课程的教学改革。每个学期，学生都要针对不同的主题进行调查，经过准备、收集、制作等阶段，确定研究主题、研究目的、研究内容、研究方法等，最后形成研究报告，同时在每年6月、12月的第二周，组织学生把自己的研究成果，与老师、同学们一起分享。通过这样的数学综合实践活动，把知识教育提升为通识教育，把通识教育提升为能力教育，以学生全面发展、个性发展、习惯养成为重点，让学生快乐学习、幸福成长。数学综合实践研究性学习的形式是灵活的、多样化的，可以是小调查、小制作、小设计，也可以是小课题研究、小研究报告等。如一年级学习简单图形知识后，用各种形状的树叶进行拼图，完成"树叶畅想曲"的实践活动；二年级学习确定位置后的"绘制上学路线图""测定方向"；三年级学习了长方形、正方形的面积计算后的"你的房间有多大""铺砖问题"；四年级学习了简单的统计之后结合环保意识，进行的"滴水实验"倡导学生节约用水；五年级为了引导学生进行单元知识点的整理归纳，进行的数学"钻难"；六年级学习了长方体、正方体知识后的"设计包装盒"，学习了比的知识后的"有趣的比"等等。上个学期，学校聚焦"百年发展"，老师让学生们围绕家史、党史、校史、家乡等课题展开研究，以"数说……"为主题，让孩子们更好地了解家与国多年来的发展变化。

在综合实践研究性学习中，前期选题、中期调查、后期呈现，学生是主角。每学期都给不同年级设置不同的研究主题，让学生的学习不再局限于传统课堂，而是深入实践。学生在进行数学综合实践研究性学习的同时，需要将数学知识与语文的写、美术的画、计算机的查阅等整合起来，进行深层次、跨学科、探究性的学习研究，从而打破了学科间的壁垒，实现跨学科整合学习，开阔视野，获取更丰富的知识。

经过几年的发展，在学校"生态育人"核心理念的引领下，通过综合实践研究性学习，孩子们发现问题、分析问题、解决问题的能力都在不断提升，学生的创造力得到了保护和认同，学生学会了如何与人交往、协作，他们可以在没有教师指导的情况下进行自主合作学习，并运用到实际生活中。这样的学习让学生积极走出课堂，跨越学科界限，更个性、自主地锻炼其阅读、书写、表达、查阅等综合能力。通过综合实践研究性学习，我们真的能做到提升学生核心素养和综合实践能力，让学生像树一样成长，更好地全面发展。"十年树木、百年树人"，教育的本质就是充分地给予养分，让学生个性、自主地学习，像树一样成长。

总之，在新的教育理念下，我们数学教师总是不忘"儿童本位"，心

里时时想孩子所想，乐孩子所乐，玩孩子所玩，努力给孩子自由探索的时间和空间，保持孩子们的探究欲望，激发孩子们学习的兴趣。这样不仅对学生后继数学学习有较好的迁移作用，而且对其他学科的学习以及终身学习也有着可持续性的迁移作用。这样的数学教育，才是一种实实在在的数学"四基教育"。

从顺应儿童的天性，通过努力让孩子喜欢数学老师，进而喜欢数学、研究数学，这正是我校数学教学的理想追求。一步一个脚印，且行且思，且思且行，我们从容着，也坚守着，这正是我们数学教学的理想追求。

演绎大咖故事，感受榜样力量

六（2）班　雷一涵

　　记得小时候，大人最爱问我们长大后想成为什么人？印象中，我会不假思索地站起来，歪着头奶声奶气地回答："我想当数学家！"这时候我总会看见大人们脸上绽放出灿烂的笑脸，竖着大拇指夸赞我"有出息！"，而我心里就会乐开了花，逢人便要讲讲自己的理想。

　　不知道是不是因为这个理想说多了，在心里就埋下了热爱数学的种子。上学后，我最喜欢上黄老师的数学课了。她总是能将各种数字变出花样来；总是能在黑板上一秒写出解题的最佳思路；总是能把复杂的数学问题讲得简单又有趣。当然最让我喜欢的还是每学期的数学综合实践活动。有动手又动脑的"寻找生活中的轴对称"；有走进生活，玩转数学的"我们的小小商店"；有助力我们关注时事，了解生活的"'数'说抗疫"；有以锻炼我们归纳、总结能力为目标的"数学'钻难'"活动。每次活动前我都会利用课余时间各种查阅资料、各种实践调查、各种精心准备。汇报时，从磕磕巴巴三言两语到自信大方滔滔不绝的表达，让我尝到了研究的乐趣。渐渐地，我会在心里期待每学期一次的综合实践活动。可当黄老师宣布这学期的数学综合实践活动主题时，我却失望了。

　　这天的综合实践课，我和往常一样期待着黄老师宣布活动主题。可这次她说让我们介绍自己喜欢的一位科学家，了解一下他的贡献及成就。听到这里，我一下子没了兴趣，心想：我们都多大了，还玩这个？回到家，我漫不经心地在网页上寻找科学家，一个个熟悉的名字：陈景润、祖冲之、华罗庚，伴随着一个个鲜为人知的故事弹出页面，我忍不住逐一阅读。看见华罗庚在信中表达"梁园虽好，非久居之乡，归去来兮"的报国决心；读到陈景润对待挫折越挫越勇，执着坚定地追求。内心被数学家们的坚持不懈，勇于探索，献身科学事业的大无畏精神深深触动。勾起了继续探究的热情，又让我认识了编著世界首部数学经典《几何原本》的古希腊数学家欧几里得，了解到《九章数学》展现的东方数学智慧。一番研究后，我对这一主题产生了不少兴趣，开始思考自己应该与哪位数学家进行一次亲密接触呢？这时候，黄老师在活动启动时的话再次响起："孩子们，希望你们可以通过这次活动深入了解每一位数学家，让他成为你数学学习中的灯塔，照亮你的数学探究之路。"在黄老师这番话的启发下，我将自己的研究对象锁定在德国数学家高斯的身上。过去我喜欢他是因为佩服他的聪明。七岁就发现了等差数列求和的规律，有了著名的"高斯求和"法。可从来没有关注过他的勤奋和严谨。当在高斯的故事中看见他为了证明一道数学题不眠不休，一生精益求精的科学态度时，我就立刻想起自己在数学学习时轻易放弃和随意粗心的样子。一下子明白了老师的用意，高斯就是我数学学习的灯塔，时刻提醒着我要以怎样的态度对待数学学习。

秉持一贯"学中玩，玩中学"的数学综合实践活动原则。黄老师在活动中期抛出了一个大胆而刺激的想法：让我们把综合实践汇报会做成一场大型的"百变大咖秀"活动，活动时我们要把自己装扮成自己研究的数学家模样。穿越时空的界线与他们对话，向历代科学家致敬，用他们的故事激励我们去探索数学的奥秘。

汇报会当天，教室变成了数学殿堂，到处摆放着各类数学书籍；同学们变成数学大咖，热烈地讨论自己的研究成果。瞧：袁星玥同学成了古代数学家——祖冲之。她把祖冲之怎样去推算圆周率的历程详尽地跟大家做了分享。当讲到祖冲之把 π 计算到小数第 7 位时竟比鄂图早一千多年，同学们那种自豪感油然而生。

张沅嘉隽是一个极富激情的演讲者，一上场就掌控全局。他跟大家分享了著名的阿基米德《皇冠的故事》，从中还引导大家联想《曹冲称象》的故事。幽默风趣的演讲赢得了大家的赞扬，在笑声中大家也体会到了数学之间的有趣关联。

任品瑜同学的"阿达·洛夫莱斯的故事"给大家带来了一片欢笑，赢得了一致好评。她化身"阿达·洛夫莱斯二代"，与王馨悦、郭瑾颐同学以表演的形式让大家了解了阿达·洛夫莱斯在数学方面的杰出成就。

我们的"百变大咖秀"在欢声笑语中结束。但活动中感受到的数学学科的博大精深，挖掘出的数学学习价值动力，激发起的探索数学世界的热情却才刚刚开始。如今，有人问起我长大后想成为什么人，虽然再不敢夸口成为数学家，但是我知道我一定会从数学家身上汲取营养，成为对祖国，对社会有用的人。

学生作品

贵阳市实验小学 六（1）班 曾郅焜

贵阳市实验小学 六（1）班 郭思妤

贵阳市实验小学　六（1）班　刘柯妤

贵阳市实验小学　六（8）班　李健元

贵阳市实验小学　六（2）班　任品谕

贵阳市实验小学　六（1）班　熊希玥

贵阳市实验小学　六（1）班　周意然

贵阳市实验小学　六（8）班　袁嫣然

培养数学素养，促进全面发展

六（5）班　袁敬林家长　吴　莹

数学是一门系统性、逻辑性、抽象性都很强的学科，如果缺乏形象性和生动性，学生在学习时就会觉得枯燥乏味，产生厌烦心理。但是小学生喜欢听故事，尤其是扣人心弦的故事，可谓是百听不厌，如果再让他们自己参与到故事中，成为数学故事的一个主角，那对培养小学生的数学素养，提高学习数学的兴趣，是事半功倍的。贵阳市实验小学敏感地抓住小学生的这一心理特征，将某些具有启发性的数学家的故事和他们曾经解过的趣题，有机地融入小学数学教学活动中，六年级的"百变数学大咖秀"数学研究性学习活动就是这样诞生的。通过精心设计、周密部署、认真准备，取得良好效果。特别是在"双减"这个大背景下，作为即将面临小升初的毕业班家长，我们一方面大力赞同"双减"让教育回归更本真的状态、调整教育场景和重塑教育生态；另一方面又担心六年级毕业班孩子适应性。但是通过这次全程陪伴孩子参与六年级"百变数学大咖秀"数学综合实践活动，缓解了我的焦虑和迷茫。

一、精心设计活动方案

整个活动过程通过目标导向和问题导向，吸引学生的注意力，引发学生对数学探索的兴趣，循序渐进的引导学生围绕一个数学家，开展一系列数学问题的研究，建议一种思维模式，丰富数学认知，从而提高小学生数学素养，建立一个数学主题的知识体系。通过潜移默化的影响，通过数学发展史或数学家的故事，进行数学史的渗透，发挥数学故事的启迪作用。整个"百变数学大咖秀"数学场景模拟过程，通过精心设计，从情境入手，让学生经历发现问题、提出问题，进而适当地梳理问题，先行解决简单问题，借助解决简单问题的经验思考较为复杂的问题，最后梳理问题解决的经验这样一个完整的问题解决过程。这样的学习经验对学生来说将终身受用。紧紧以问题为载体，让学生经历发现、提出、分析和解决问题的全过程，并在交流与反思等活动中更好地外显学生的思维过程，从而更好地培养学生的抽象能力、推理能力、应用意识和应用能力，最终建议属于他自己的数学知识体系。作为家长，感受非常深的一点是，通过这个活动，小朋友们知道了这种解决问题的方式，是可以复制的，可以应用于不同的场景，让小朋友保持一个持续学习数学的动力和热情，这对他终身有益。

二、创新数学素养评价方式

数学素养从某种意义上说是一种思维习惯，注重引导学生以数学眼光来看待一切事物，并能以数学思维模式来分析和解决问题。从另一个角度看，数学素养也是一种文化素养，需要时间去积累和沉淀，在这个过程中，通过从方法上进行引导，在长期训练中让学生获得数学思想和文化的熏陶，从而以数学知识去探究未知领域。实验小学六年级"百变数学大咖秀"数学研究性学习活动坚持"不求人人成功，但求个个进步"的评价思想，把评价重点放在过程上，让学生作为参与者充分体验成功的喜悦。作为家长，感觉这次活动学校更关注孩子们在数学研究性活动中所表现出来的情感与态度，注重学生在整个数学活动中实践能力、创新精神、心理素质以及情感、态度和习惯等综合素质的培养。孔子云"学而不思则罔，思而不学则殆"，实小的这个活动，很好的帮助学生建立培养自身数学素养的信心，为学生提供基本的数学思维方式，引导学生学会用数学的眼光观察世界，以数的思维方式分析解决问题。

三、拓展数学研究性学习活动方式

六年级"百变数学大咖秀"数学研究性学习活动，以理解整本书中数学家的核心思想，采用创作多种数学感受的形式，如进行数学家的故事演讲等多种方式，鼓励学生将研究结果以数学小报、主题演讲和戏剧小品等不同形式呈现。切实履行了教学中"传不言之教，做有心之人"的原则，通过多样化的方式方法，使学生把所学的数学知识运用于对客观事物的认识当中，是非常好的家校互动的教学相长的模式。

1. 猜猜猜——走近人物

这一环节是以抢答赛的形式展开的，老师从推荐的数学阅读书籍中选择 3—5 位数学家的典型故事，让其他学生猜是哪位数学家，目的是让学生对这位数学家作一些简单、初步的了解。例如："猜猜猜——走近牛顿"：有一次，牛顿请一位好友吃饭。菜都上齐了，牛顿突然好像想起什么，丢下朋友就钻进了实验室。朋友左等右等，不见他回来，一生气就把鸡肉吃得精光，并将骨头放入盆中。等他从实验室回来，看到吃剩的骨头时，惊讶地说："啊，我还以为没吃饭呢，原来已经吃过了。"（展示牛顿和场景照片）猜出来之后，接着让学生说一说对牛顿还有哪些了解。通过让学生"猜猜猜"，主要目的是想满足学生的表现欲望。让学生讲述自己对数学家的了解，学生会得意扬扬地讲述，全班同学越是感兴趣，发言的学生越是讲得带劲，令其他同学羡慕。这样更能激起学生课后自主阅读了解其他数学家故事的欲望，变被动阅读为主动阅读。

2. "读一读——走近数学家"

这个环节重点介绍 1—2 位数学家，让学生真正走近数学家。例如：推荐介绍阿基米德的故事。选择个别典型的数学家的故事，让学生深度阅读，通过阅读生动的叙事、跌宕的情节、鲜活的人物有力地激发了学生对数学家的热爱。读完之后，让学生说一说阿基米德是一个什么样的数学家，有利于激起学生对这位伟大数学家神秘感的探究兴趣。

四、通过角色扮演，渗透数学文化史

在数学教学过程中，数学文化占有重要的地位，给学生更多的人文气息，使原本枯燥的数学活动变得更加生动有趣。从广泛意义上来说，数学史和数学美都属于数学文化的范畴。在数学史中，有许多数学家，凭借其顽强的毅力和品德，为数学的发展做出了重要的贡献。所以，贵阳市实验小学在"百变数学大咖秀"中，由学生在自主选择自己要扮演的经典数学家，从而通过角色扮演，介绍祖冲之、华罗庚、陈景润等我国古今著名数学家的典型事例、取得的成绩和对数学史的贡献。通过轻松幽默的氛围，让学生给学生讲解一下这些数学家的事迹，了解数学家的品质，从而渗透数学文化史，对小学生进行德育教育。让学生能够养成顽强的毅力和品德，使学生养成认真仔细的习惯，在追求真理的道路上更好地发展。例如，在学习圆周率的时候，由扮演祖冲之的学生以戏剧的方式给大家讲解一下祖冲之的故事，正是因为其付出了许许多多的辛苦和努力，最终才换来了如此丰硕的成果。通过这些成功教育，能够使学生不断提高自己的意志品质，成为一个高素质的人才。

五、数学涵养激发创造性思维

"百变数学大咖秀"通过大量的数学家故事、数学名人传记，改变了学生以往整天埋在课本里、学习单调乏味、完全被动应付、缺乏动力的状况。数学家精益求精、一丝不苟的精神，执着、刻苦钻研、敢于质疑的精神等潜移默化地影响着学生，浸润着学生的心灵，陶冶着学生的性情。数学家的这些品质、精神，学生通过自主研究来汲取，比起平时的空洞说教更具说服力，这些研究过程中学到的东西，是对学生学习浮躁习惯的最好教育素材。作为家长旁观者，我发现我家小孩，通过参与这次活动，更加爱数学，喜欢数学，课堂上敢于质疑，敢于提问，不再唯书、唯师、唯上，学会了创造，学会了思考。是数学家故事给予了他多元的数学营养，是数学家的精神激发了他的数学志趣，是数学家的思想滋养了他的数学素养。

我们当代家长，处在"赢在起跑线"的大环境里，加上各类校外学科培训机构的烘托，如果没有坚定的内心，很容易被影响。贵阳市实验小学多样化的教学模式，缓解了我们家长的焦虑和迷茫，给我们家长重新思考的机会，让我们想想，对于孩子的未来，究竟什么才是最重要的。现在孩子们未来变化不是父母所能够掌控和想象的，他们需要更独立的思想和时代主人翁的责任感，我们不能用我们父母的经历和要求来培养孩子。非常感谢实验小学的各位老师给予我们家长和学生们大力的支持，给了我们的孩子提供了从小就培养数学素养的沃土，让我们的孩子在不知不觉中，接收数学思维的熏陶，建立规范的数学思维模式，在生活中学习中养成良好的数学问题解决能力。作为家长，非常感谢实验小学的各位老师！

六年级综合实践活动

互联网的普及

🔲 六年级

综合实践活动方案
——互联网的普及

一、指导思想

《数学课程标准》明确地指出在小学数学教学中增设实践活动与综合应用的目标，其要求是：数学教学活动必须建立在学生的认知发展水平和已有知识经验基础之上，教师向学生提供充分从事学习活动的机会，帮助他们在自主探索和合作交流的过程中真正理解和掌握基本的数学知识和技能、数学思想和方法，获得广泛的数学活动经验。

这部分内容是结合百分数的学习安排的一次以调查"互联网普及"情况为主题的综合实践活动。引导学生从通过阅读了解了什么，通过调查解决了哪些问题，以及运用百分数分析数据的方法等方面，交流自己的收获和体会，并对学生交流的内容适当加以归纳和提炼，以进一步明确认识。通过活动，可以使学生进一步加深对百分数意义的理解，初步体验运用百分数分析和描述数据的过程，增强数据分析观念，体会数学知识与方法在生活中的广泛应用，培养初步的应用意识。

二、活动内容

苏教版数学六年级第六单元上册《互联网的普及》。

三、活动目标

1.使学生在阅读统计资料和进行统计活动的过程中，进一步理解百分率的含义和百分率的计算方法；经历调查收集数据，应用百分数分析数据的过程，感受百分数在描述和分析数据过程中的作用，培养初步的数据分析观念。

2.使学生在实践活动中，感受数学知识的应用价值，提高应用所学知识解决实际问题的能力，激发对参与调查和统计活动的兴趣。

四、活动过程

1.阅读与讨论

要求学生阅读这段文字，并说说阅读后的感想。这样安排，一方面，可以帮助学生理解互联网普及率的含义及其计算方法；另一方面，有利于学生初步体会应用百分数描述和分析数据的过程，感受百分数在数据分析过程中的作用。

互联网在日常生活中应用非常广泛，它给我们的生活带来了很大的方便。2002 年，我国互联网接入宽带用户仅 0.03 亿户，上网人数也只有 0.59 亿人。随着时代的发展，互联网的普及率不断上升。下面是 2002—2012 年关于互联网的一些统计数据：

年　　份	2002	2004	2006	2008	2010	2012
接入宽带用户 / 亿户	0.03	0.25	0.51	0.83	1.26	1.75
上网人数 / 亿人	0.59	0.94	1.37	2.98	4.57	5.64
互联网普及率 / 百分比	4.6	7.3	10.5	22.6	34.3	42.1

2.统计与分析

（1）要以问题为引领，帮助学生体会通过调查和统计解决问题的过程。

（2）要引导学生根据调查的内容先设计相应的调查表，再利用调查表进行调查。全班汇总。

（3）要引导学生经历分析数据的过程，体会百分数在数据分析过程中的作用。

3.回顾与反思

主要引导学生回顾上面的活动过程，说说自己的收获和体会，帮助学生整理活动过程中获得的认识与积累的经验，进一步提升认识。

聚焦实践　魅力数学

刘　佳

教师呈现 QQ 企鹅头像，百度搜索页面，淘宝网首页，安全教育平台首页。

师：这些图标和页面同学们熟悉吗？

生：熟悉。QQ 可以用来聊天。

生：我们学到了有关安全方面，网上购物的知识。

生：还可以搜索想要的一些学习资料。

师：同学们，这些都是互联网带给我们的便利。你了解互联网吗？通过你的了解你觉得利用互联网我们可以做哪些事呢？

生：玩游戏。

生：在电脑上写东西（办公自动化）。

生：网上买东西。

生：聊天。

生：看电视电影节目。

……

师：正如同学们所说，互联网在我们的日常生活中应用十分广泛，它使我们的生活更加便利。那你知道现在互联网普及到什么程度吗？

生：我觉得 10 个人家里 9 个有电脑。

师：你能用一个百分数表述吗？

生：90%。

生：我觉得我们这上网的普及率达到了98%。

生：我觉得达到了99.8%。

师：同学们给出了自己的猜测，事实是怎样的呢？我们需要进行？

生：调查。

以上课为例"互联网的普及"是苏科版教材"综合实践"第二学段中新增的一个学习主题。围绕"互联网的普及情况"，以问题为载体，让学生先尝试猜想，再结合国家统计的相关数据感悟普及的程度，在逐层分解中明晰普及率的含义。将猜想与国家统计数据对比，对比中产生困惑，激发出学生发现问题、提出问题的欲望，触动了学生实际调查的内在需要，为开展调查提供了动力保障。

互联网的快速发展给人类生活的各个领域产生了越来越重要的影响。网络进入学生的生活必然对其产生正、负两方面的影响。引导小学生正确地运用网络、健康地成长是家庭、社会和学校共同努力的方向和目标。随着网络在生活中的应用范围越来越广泛，它对现有教育的影响也越来越大，网络对小学生的影响到底怎样？我们如何采取措施克服不利的影响呢？这都是值得思考的问题。上网本身并没有错，网络对我们产生何种影响关键在我们使用网络的方法。在某些方面，上网次数多了就容易产生依赖性，影响学习。网络缩短了我们与世界的距离，让我们了解世界，同时以最快的速度给我们提供信息，在信息时代不让学生学习和利用网络显然是不明智的。网络的方便性、内容的多样性和广泛性，为学生提供了一个广阔的学习空间，大大增加了学生的求知途径，有助于学生开阔视野、增长见识。

小学生正处于生理和心理发育的启蒙期，养成良好的学习、生活习惯至关重要。对于网络给学生生活带来的影响，我们也应正确对待。小学生由于认识不足，大多人认为是利大于弊。但过多地接触网络，给小学生的行为习惯养成造成了不利的影响。另外，现在的小学生多为独生子女，沉溺于网络极易造成性格孤僻和不善交流等心理疾病，这些都不利于小学生的健康成长。如何让学生既能合理高效地使用网络，又能正确、有自制力地使用互联网呢？数学老师有办法！

　　数学综合实践活动是以解决某一实际的数学问题为目标，以引起学生思维为核心的一种新型课程形态，它改变了传统教学模式中以单纯知识记忆为特征的陈旧方法，让学生在解决具体数学问题和对数学本身的探索过程中理解、掌握和应用数学。因而，实践活动是学科综合、应用性教学内容，是"做数学"的具体体现，具有巩固、深化、提高和发展学生数学学科知识的作用。智慧的老师们将正确探索互联网的方法融入到了数学的综合实践活动中去，将这两个内容有机地结合起来，由此，"'数'说互联网"数学综合实践活动诞生了。针对小学生使用互联网的特点和问题，教师们制定了周密的活动方案，绘制了精致的记录表格，学生们风风火火地开始了他们的研究活动！

　　著名心理学家皮亚杰认为：应当放手让学生动手动脑探索事物，通过协调的活动逐步发展其智力。数学课堂教学由于受时间、空间的制约，实践操作往往难以有效地开展。我们只有通过数学综合实践活动，给学生开辟广阔的天地，才可为学生提供自我学习、自我表现、自我发展和施展才华的机会。实践是知识的源泉，知识又是实践的灵魂。小学生由于受生活经验和知识范围的限制，往往感到数学抽象、乏味。因此，在数学综合实践活动过程中，教师组织学生进行必要的社会调查，收集数据，让学生认识到数学知识来源于生产和生活实践，要指导学生运用所学的数学知识去解决一些简单的实际问题，从而拓展学生的认识范围，加深对数学学科知识内容的理解，积累丰富的感性材料。

　　如今世界早已是信息时代，网络的发展可谓是飞速地在全球遍地开花。无论是电脑、手机还是电视等设备无一没有网络的支持，他们靠网络向人们传播信息，使人们能够更方便的生活。但网络是一把双刃剑，有好也有坏！

　　网络的问世和广泛应用，便利了人们的生活，使人们的生活更加有效且更加丰富多彩。在使用网络的时候，一定要持有正确的立场，一定要坚持正确的方向。在使用网络软件的时候，一定要正确取舍，自己要有基本的判断力，不能完全相信。

网络的好处：1.适应信息时代获取知识更新信息的必要；2.满足自我增值提升水平的需要；3.给信息带来强大而有力的传输途径。网络的弊端：1.网上有很多丰富虚拟内容，它们产生巨大的诱惑力使人沉迷其中；2.对还在学习阶段的学生来说，沉迷网络会导致学习成绩下降；3.网络的匿名性使信息的验证难度加大，严重影响对网上内容真实性的判断。

通过"互联网的普及"综合实践活动，学生学会了利用各种手段对知识点进行调查的方法，建立起了良好的团队意识和沟通方式，能把调查的数据进行分析对比得出一定的结论。从本次研究学习中我们能明白，现在是信息发达的时代，网络的普及已全球化，互联网就像一个巨大的磁场，影响着我们的生活和学习。互联网的影响有利有弊，可能对我们产生危害也可能帮助着我们。所以青少年在使用、应用互联网时应当把握好尺度，将这一把刃剑利用好,明白它的好与弊,合理运用好网络的同时不迷恋网络，正确利用好它对我们生活及学习产生良性影响，而不让这成为我们今后成功路上的绊脚石。通过本次活动，每位学生都能正确对待网络，主动避免沉迷网络，保护好双眼和心灵，树立正确的人生观及价值观。

"人"永远是教育的核心要素，是教育的出发点和归宿点。素质教育的目的是为了培养人和发展人，为了使人获得全面健康和个性的和谐发展。培养什么样的人、怎样培养人？这是党的十八大提出立德树人的根本任务，它回答了这一事关国家前途和命运的根本问题，那就是：坚持德育为先，着眼于学生的全面发展，培育学生的健全人格，致力于"让每一个孩子都能成为有用之才"的教育理想。

贵阳市实验小学在"以知识的雨露润育智慧，以美德的阳光照亮心灵"办学指导思想下，坚持"生态育人"的办学理念；恪守"像树一样成长，像我一样真棒！"的校训；追求"让每一个孩子都成为有用之才"的教育理想，着力培养具有"厚德仁爱、多能创新、善思能辩、国际视野"的现代小学生。以"像山一样崇高、像水一样明亮、像花一样开放、像鸟一样飞翔、像树一样成长、像我一样真棒"（六句箴言）贯穿于教育教学的全过程中，形成了基于五育并举的"TREE"课程改革实践研究。每一个孩子都是独特的，每一个孩子的需求都是多样的，每一个孩子都具有潜能，每一个生命成长的形态都是多姿多彩的。要实现每一个孩子的发展，学校的教育就应为每一个孩子提供适合的教育，那就是创造丰富多彩的课程，满足不同学生的需求，从而使每一个生命都得到绽放，让每个孩子体味不同课程带来的不同滋养，给予他们更多自主选择和自由成长的空间。

探索——我们一直在路上！

时代的发展　互联网的普及

保利分校六（3）班　倪雅颂

　　数学隐藏在生活中的每一个细节里。学好数学，不仅是为了解决问题，更是为了学会应用，学会生活。

　　这学期，我们数学综合实践活动以"互联网普及"为主题，通过了解互联网的普及率，引发我们对这些数据更深层次的思考和分析。

　　一开始，老师与我们讨论互联网的作用，在互联网上，人们可以学习、工作、经商、娱乐等等，互联网已经走进了我们的生活，成为了人类生活的一部分。接着，老师又问我们知不知道什么是互联网普及率，2002年、2004年、2010年的互联网普及率分别是多少。在老师的引导下，我们知道了互联网普及率是指互联网用户数占常住人口总数的比例。随后我们还了解到2002年互联网普及率是4.6%，2004年是7.3%，2010年是34.3%。

　　从这些数据可以看出，中国使用互联网的人越来越多，截止2020年12月底，互联网普及率已经达到了71.6%，侧面反映出了我国经济实力逐渐雄厚，人民生活水平迅速提高，我感到十分自豪。随后，我们在班上进行了一个互联网普及的小调查，分组统计每个学生家中人口数和上网人数，再全班汇总。然后，我们惊讶的发现，除了个别年龄大的老人和年龄小的幼童，其他的人都在上网，互联网普及率几乎达到了100%！通过上面的统计和分析，我再次体会到了我国的综合国力在不断增强，人们的生活蒸蒸日上、越来越好。

最后，老师又让我们统计了同学们在互联网上都做了些什么，计算出了学习知识、查阅资料、阅读新闻、联系同学、听音乐、玩游戏的人数各占上网人数的百分比。让人大跌眼镜的是，玩游戏、联系同学、听音乐的人数较多，而学习知识、查阅资料、阅读新闻的同学较少，对此，我认为网络有利有害，要科学合理上网。

通过这次研究性学习，我能更加熟练掌握且运用百分数的知识点，并且结合生活实际、亲身调查、整理数据、统计计算、分析数据，让我能够运用所学的知识解决实际问题，加深对百分率的认识。同时，也促使我综合运用所学的数学知识、技能，让我学会举一反三的数学思维，懂得了数学不应该是死做题，而是灵活思考，最大限度的发挥它来解决问题。

在逐步认识、了解互联网的过程中，我也懂得了网络有利有害，它是新时代的代表，科技的产物，更是人类的得力工具，我们应该利用它快捷方便的生活，在网络上学习知识、查阅资料、阅读新闻、联系同学、听音乐、玩游戏，借助网络放松身心，充实自我。

有阳光就有阴影。在很多人享受网络便利的同时，也有许多人在网络中越陷越深，在黑暗泥潭里渐渐失去自我，沉迷其中无法自拔。尤其有很多青少年，心智还未成熟，就过早的接触到了游戏等娱乐软件，会让他们开始觉得学习枯燥，丧失学习的乐趣。其实游戏、网络本意是好的，但是一些孩子抵御不了诱惑，所以才会被游戏控制，如果科学的玩游戏，适量接触，那游戏和网络还能成为学习的动力，何乐而不为呢？

正确使用网络其实很简单，首先，我们可以给自己立一个学习的小目标，然后把玩一局喜欢的游戏作为奖励，以此激励我们更快速的完成学习，既写完了作业，又玩了游戏，劳逸结合嘛！并且在其他的空闲时间，我们还可以上网学习一些新的技能，例如：画画、做美食、做手工等等，这会使我们的生活变得充实且有趣。当然，上网时一定要注意时间，不可过久使用电子产品，要好好爱护视力，每隔一小时就得放松眼睛。除此之外，我也深深地为祖国感到自豪，正是有了祖国的庇护，我才能沐浴阳光雨露，吃饱穿暖，学习知识，我爱我的祖国，也祝愿中国在新时代能够乘风破浪，国泰民安。

学生作品

贵阳市实验小学　六（1）班　刘柯妤

贵阳市实验小学　六（2）班　郭瑾颐

贵阳市实验小学　六（2）班　张荑文

贵阳市实验小学　六（3）班　王泽有希

贵阳市实验小学　六（4）班　毛玉涵

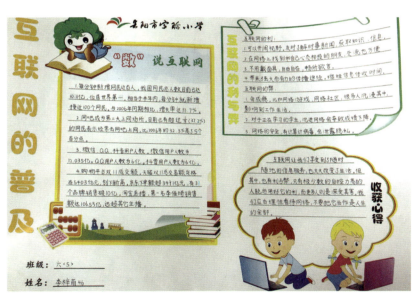

贵阳市实验小学　六（5）班　李梓萌

贵阳市实验小学　六（6）班　谢雨霏

贵阳市实验小学　六（7）班　吴玥颖

　｜　"趣"数学综合实践活动

□ 家长感言

增强探究性学习，
培养数学素养，促进发展

六（6）班 向栩涵家长　黄　菲

老一辈教育家陶行知老先生提出的"生活即教育，社会即学校"的教育理念指出，社会生活体验在学生成长教育中是十分重要的。在新课改背景下，把小学课堂教学同学生的现实生活相联系，实现课内教学同学在现实生活之间的有效融合，进一步挖掘学生的学习潜力，增强学生的学习兴趣，已经成为小学教学中的关注重点，而让小学生做做研究就是对这一理念很好的一种践行手段。

有家长不禁发出疑问，小学生有没有必要进行社会实践？有没有必要搞研究？其实，小学生搞"研究"，并不是严谨意义上的研究，但也不是凭兴趣做做样子，而是重在创新学习与学习创新，重在发展高阶认知和思维能力，这也关系到学校教育的价值、方向和路径。小学生虽然年龄偏小，认知能力有限，但好奇、乐动是他们的天性。将教学与社会实践活动进行有效的融合，可以更好地激发他们的学习兴趣，激发他们的探究欲望，加快创新思维能力的培养与提高。

咱们现在的小朋友在学校里获得的已经不仅仅是基础的读写算等文化技能了，已经进阶为思考、加工、创造，以及清晰、有说服力地表达自己的观点，还要应用知识解决真实的问题了。社会实践活动不但符合小学生好奇的探究心理，而且也应该是小学教育效果最直接最有效的教育方式之一，是小学生自我情感体验发展和完善的重要手段，也是综合能力形成发展的重要平台。老师以课堂上学到的知识点为载体，巧妙地将课堂教学引向生活，注重课堂之源——生活，让课堂教学贴近于生活，联系实际，引导学生懂得生活、学会生活、改造生活，赋予课堂以生命和活力，让课堂因生活而精彩。在条件相对优越和教育发展水平较高的地区，小学生的项目学习和"研究"正在发展成为一种新的课程形态。不得不说，咱们贵阳市实验小学在把握教育的大方向上无疑是站在前端的。这不，咱们六年级的小朋友们又开始热闹起来了！

"互联网的普及"是咱们这一期新的数学综合实践活动的主题。其实，说起互联网，没有人对它感到陌生，它已经融入我们生活的方方面面，给我们带来了无数的便利。可是，为什么通过桌上的一个看着呆呆的机器，或者小巧得可以握在手里的"小盒子"，你只需要动动你的手指，就可以足不出户了解世界？互联网的"网"究竟在哪里？为什么我们看不见这个覆盖了全世界的大网？这个网是谁编织的？这个网又是怎么变得越来越大，以至于我们现在都离不开这张大网等等，孩子们提出来的问题太多了，在好奇心的趋势下，孩子们主动地想要去找到这些问题的答案。

其实每一次的数学综合实践活动主题可不是随意选取的，而是经过了老师们的精心构思和设计的。为让此次研究学习达到强化对书本知识的认知和理解的能力，使社会实践活动具有针对性和有效性，老师们在明确研究主题之后，打破了数学教材的限制，希望用更多的社会实践活动替代习题练习，来帮助学生树立"数学来源于生活并应用于生活"的数学学习观念，指导学生学会运用已经学到的数学知识解决更多的实际问题，促进学生数学创新思维能力和动手实践能力的不断提升。例如，在知识点"解决问题的策略"的教学中，如果教师仅仅是依赖教材开展教学，则显然很难有效地培养学生的数学应用意识，这时教师给学生设定一定的社会实践任务，让学生自己试着用课堂上学到的知识去体会去尝试解决问题，那这样不仅能够有效提高学生的数学应用意识，也能真正达到了学以致用的教学目的。

当然，小朋友们的研究现在还不能脱离老师们的指导，但他们自己的努力学习和实践也同样重要。他们需要自己读书，查资料；需要自己去观察事物、发现问题、分析问题和解决问题。这一自学的过程，是锻炼自学能力的有效途径。当他们对某个社会现象用心观察时，可以培养他们的观察力。教师教育学生，不宜只限于传授知识，更贵在于培养学生的自学能力。俗话说得好"授人以鱼，不如授之以渔"，也说明了这个道理。学生只要学会了自我学习，就会为以后的学习和工作打下坚实的基础。六（6）班的小向同学就表示，在这次研究活动的过程中，她能够更加清晰地认识到制定计划对于解决问题的重要性。她觉得，"老师为我们设计的'互联网的普及'是一个很大的主题，如果我想做好这个研究，那首先我要确定我的角度，从哪个方面来阐述这个问题，因为老师告诉过我们'从大处着眼，从小处着手'。然后我要确定我的调查方法。为了做好这一点，我需要确定我的资料来源和我的调查对象，比如，了解一下爷爷奶奶是什么时候接触到互联网的，这还可以跟爸爸妈妈甚至我自己的情况做一个比较。"

老师们也认为类似研究性学习这样的社会实践活动，可以促进理论和实践的统一。因为课堂教学往往多限于书本知识的传授和学习，但是，它有个缺点，就是学生很少接触实际，缺乏感性认识，所学的不是完全的知识。开展这样的活动，就可以弥补这个缺点。它会使学生把学到的书本知识应用到课外实践中，获得感性知识。这样就使理性知识与感性知识统一起来了，就能促进理论和实践的统一，使学生学得到比较完整的知识。老师们也认为传统的应试教育在认知层面上忽略了小学生的动手操作是释放理性思考的主要方式，因为小学生的某些潜意识的担当责任感和热情在校内可能无法被看到，特别是那些在学校不太突出的学生，但在社会实践活动中却会让人眼前一亮，他们的优势和特长在活动中就有可能被充分展示出来，这是他们彰显潜在素质的平台，是提升他们的自信和自我评价情感的平台。这不但有利于增进师生之间的感情，同时也有利于老师更多地了解学生，从而更有利于促进教育教学工作更好地开展。

不仅如此，孩子们还在研究过程中锻炼了沟通的技能和合作精神，毕竟，才刚上小学的孩子，做研究除了离不开老师的指导，也还需要爸爸妈妈的协助，所以从另一方面看，亲子关系又得到了加强。在爸爸妈妈和孩子协作的过程中，父母对孩子又有了新的了解和认识，小向同学的爸爸在协助小向同学查找资料的过程中就感觉到"我真没想到她会这么认真地和我讨论互联网的问题，我觉得她了解到的东西比我知道的多"。的确，在目标明确的前提下，孩子提前做好了功课，知道的东西当然比你多了，哈哈！看来，做父母的可要跟得上孩子的脚步，活到老，学到老啊！

我们都知道，社会是另一个重要的学校和课堂，生活是另一种重要的课程和教材，实践是另一种重要的学习方式和途径。社会生活和社会实践就是无字之书，对于孩子们的成长具有同等重要的意义。研究性活动这样的社会实践，是课堂教学的延伸和补充，参加社会生活和社会实践，孩子们不仅可以学到很多在课堂上学不到的东西，也可以把课堂上学到的理论知识同社会实践联系起来，加深对课堂学习内容的理解。同时，这也是建立学校——社会——家庭三位一体教育模式的重要手段之一。学校教育不能是单一的课堂教育，只有整合各方面的资源，形成良好的立体教育网络才能更有效地进行学校教育，进而促进学生情感价值观的良好发展。更重要的是，还可以很好的培养和锻炼学生的实践能力，同时加深学生对社会的了解，培养学生的社会责任感。

"随风潜入夜，润物细无声"。作为家长，非常感谢学校这样有活力的教育，真正做到了"寓教于乐"，让孩子在活动的愉快感受中健康成长，在沟通的良好体验中塑造自己，使之形成完整的科学的人生观、世界观、价值观。作为孩子，他们也许还不能深刻意识到这样的活动对于塑造他们的个性有多么重大的影响，但是在活动过程中，他们的自我管理意识得到了进一步加强，学会与他人合作，学会处理好个人与社会的关系，遵守、履行道德准则和行为规范，这些对于成长中的孩子来说是弥足珍贵的，相信这样的活动能让孩子们更加自信更加从容地迎接成长，迎接更加美好的明天！